横向领导力

人人都能复制的领导力

GETTING IT DONE

HOW TO LEAD WHEN YOU'RE NOT IN CHARGE

［美］罗杰·费希尔　艾伦·夏普　著
刘清山　译

北京联合出版公司
Beijing United Publishing Co.,Ltd.

引 言

任何人都是潜在的领导者

如果你曾经以缺乏条理的方式与他人共同工作并且遇到了问题,感到非常沮丧,那么本书就是为你而写的。你很可能经历过下面的情形:

乔:我一直在考虑这项工作,我非常清楚应该如何去做。

莎莉:等一下。首先我想知道为什么我们要做这项工作。

乔:很明显,老板对目前的局面很不满。

查理:这个理由很充分。不过在开始之前,我想先制订一份时间表。

比尔:好的。这项工作的截止日期是哪一天?

克里斯蒂娜:在研究这个问题之前,我想问问这项工作有人负责吗?

比尔：你的意思是你想成为负责人。

克里斯蒂娜：不是的。我只是问是否有人负责，如果没有的话，是不是应该先找一个负责人。

乔：我不知道你们的情况怎么样，不过我不可能把所有的时间都花在这项工作上。我还有许多别的事情要做。

莎莉：我现在还不知道我们要做的是什么。

按照上面这种趋势发展下去，你可能取得一定的进展，也可能是虚掷光阴。几乎每个人在下班时都会抱怨，他们浪费了太多时间，却没有取得什么成果。这种局面你很可能经历过不计其数，这并不能说明你的表现不好。事实上，我们每个人都经历过这样的局面。

考虑前面的例子。这个团队需要什么呢？通常的回答是"领导"。"他们当中没有负责人，所以不怪他们的工作做得不到位。"根据我们的经验，有权威的领导可以做许多事情，但默契无间的合作绝不是命令出来的。

本书的写作目的就是帮助你与他人合作完成艰巨的工作任务。它所着眼的并不是有权威的领导能做什么，而是你能做什么；不是关于所有可能实现的目标，而是关于良好合作的目标——你与他人同舟共济时取得良好结果的目标。如果你希望你的同事朝着正确的方向前进，你首先必须清楚应该朝哪个方向前进。

引 言

讲一个比较经典的故事。铁路公司有一辆崭新的柴油机车出了故障，不管工程师怎么做，都无法让机车启动。他们请来了一位专家。专家对情况稍做研究，然后用锤子轻轻敲了机车一下，列车就启动了。专家开出了1000美元的账单。铁路公司要求他对账单做出解释，专家的回复是：

→ 用锤子敲打机车：10美元

→ 知道敲打部位：990美元

帮助团队实现良好的合作与此类似。你最后所采取的行动只是整个解决过程的一小部分。

不管你是不是领导，我们都建议你把自己想象成一个潜在领导者。在实践中，你会发现，通过使用我们所说的"横向领导"能力，你完全可以让局面朝着更好的方向发展。

本书的目标就是让你有能力与你的同事实现高质量的合作，取得高质量的结果。你无须拥有高于同事的权力，只需要使用横向领导方法就可以如鱼得水。横向领导方法包含三个基本步骤。第一步是培养和锻炼独立工作的能力。第二步是对你与他人有组织地共同工作这个战略目标获得清晰的理解。第三步是学习一些"参与式"领导方法。通过这些方法，你作为团队的普通一员，也能使用提问、作答、行动的方式促使他人更好地共同工作。

以希望改善乐队演奏效果的爵士乐手为例，可以形象地说明以上三个步骤。首先，这个乐手需要培养自己的独奏技能。接着，他需要理解优秀的爵士乐合奏应当具有的特点——和声、对位以及哪种伴奏对主旋律的衬托效果更好。搞定这一切，他才能采取行动，领导乐队成员改善乐队的演奏效果。

我们相信，任何企业、组织、委员会或其他团体中的人读了本书以后，都可以改善团队共同工作的方式，取得理想的结果。

目录

引　言　i

第一部分　真正的领导者，不需要职位　1

1　合作很难？你还没找到方法！　3

2　横向领导：如何巧妙地影响他人　15

第二部分　做对5步，团队就是你的了　39

3　目标整理术：把团队拧成一股绳　41

4　思考整理术：迅速找到解决问题的方法　85

5　计划修正术：不断修正计划，使其趋于完美　129

6　激励管理术：让团队成员保持专注　157

7　反馈的艺术：不断提升团队工作效率　185

第三部分　做更好的领导者　217

8　五项技能的综合运用　219

9　假如你是领导者，你还能做什么　229

10　敢于站出来的人就是领导者　237

致　谢　243

出版后记　249

Getting It Done

第一部分
真正的领导者，不需要职位

Purpose

Thinking

Learning

Engagement

Feedback

1 合作很难？你还没找到方法！

不管你是企业主管、团队成员、服务人员、咨询人员，还是政府官员，都无法完全依靠个人力量实现所有的目标。你无时无刻不在依靠下属、同事、上级、供应商、客户的帮助，就连才华横溢的诗人也需要同编辑和出版商打交道。除非你是一个隐士，否则光靠你一个人的力量是做不成什么事的。因此，你必须与他人合作。

可是，与他人合作是非常困难的事情。流水线上的机器人可以精准地相互配合，完成工作，人类却做不到这一点。每个人都有自己的思想，而且与机器人不同，人类难免受情绪左右，有时快乐，有时愤怒，有时自信爆棚，有时忧心忡忡，有时与人为善，有时却又心生嫉妒。此外，我们每个人还会对情形公正与否做出迥异的判断。因此，当许多人共同工作时，往往会问题连连。

两个常见的问题

合作不佳

大部分人在与他人合作时都会感到非常沮丧，因为他们往往付出极大的精力却收效甚微。合作是不同方法与思想的某种结合。每个人在工作时都需要用到经验、直觉与习惯，但这些因素却因人而异，这种差异当然是一种巨大的资源，可以提供多元的思想和方法，不过这也是一种负担，它往往会降低我们共同工作的效率。

当人们共同工作时，时间往往在摩擦中白白消耗：分到与自身能力不相称的任务，或是由于某种差异而冲突不断。每个人都参加过长达数小时但毫无结果的会议。有时我们构建团队所花的时间甚至远远超出完成实质性工作所用的时间。与他人共同完成某项工作给人带来的挫败感实在是太大了，大多数人宁可多花一些工夫独立完成任务，也不愿意与他人组成团队，共同完成某项工作。

没有人能让局面有所好转

当你停下来审视自己正在进行的工作时，可能会非常失望。你会发现自己对团队也没有起到任何帮助作用。在大部分情况下，即使你想帮忙，也不知道如何着手。如果你缄默不语，情况根本不会有所改善；即使你告诉大家应该配合起来，情况照样原地踏步；你清醒指出整个团队已经浪费了大量时间，情况还是依然故我。当你强烈地表达出自己的挫败感时，你自己也成了问题的一部分。

你非常聪明，知道人们共同工作时常常会浪费大量的时间、精力和感情。与你共同工作的人也对此心知肚明。如果你不能让合作变得更加有效，你的团队成员同样也做不到这一点。这是怎么回事呢？本书将解释这种现象产生的原因并给出应对策略。

肇因：我们对工作的理解还不够

人们无法使团队合作得到改善的原因至少有三个。一个人要想改善团队的表现，首先必须解决这三个问题。

个人技能有限

我们大部分人并不是效率方面的专家，即使在独立工作时也是如此，这一点我们的同事也都清楚。如果我们在独立工作这种最简单的情形中尚且缺乏工作能力，那么我们怎么可能在与他人合作这种更加复杂的情况下做出贡献呢？

我们都知道，有时我们的工作效率不是很高。也许你是那种一根筋、寻找一个目标地点时宁愿开车来回转上好几圈也不会停下来问路的人。也许你的信用卡经常透支。你在工作上很可能也做不到驾轻就熟。你是不是经常在从事某个项目时焦头烂额，却无从下手？

最重要的是，人们经常会反复犯类似的错误。艾伦有一个朋友在当地一家酒吧工作。有一次，他在模仿一位有名的流行歌星时，把胳膊举到空中，结果击穿了低矮的石膏天花板。几天以后，还是在这家酒吧，一名顾客问他怎么受的伤，结果他在解释时又模仿了流行歌星的动作，再次用拳头击穿了天花板！他第一次犯错误后就应该长点记性，不应该再犯同样的错误。我们还不是一样！

我们的表现常常说明，我们缺乏良好的工作习惯。我们并没有处理日常工作时一以贯之的简单流程。我们的同事也是如此。大部分人即使在独立工作时也没有可以遵循的固定体系，所以无怪乎我们无法让办公室里的所有成员有效地配合，共同工作。

我们对良好的合作缺乏清晰的认识

请思考下面的问题。假设我们的团队合作效率很高，此时我们应该拥有怎样的表现呢？假设你或其他员工希望领导团队实现良好的合作，那么你们的目标是什么呢？

怎么样？不知道了吧？这是你与他人的合作无法得到改善的第二个原因。你自己都不知道你想达到什么样的效果。有人认为合作的关键在于对同事"友好"——要彬彬有礼、与人为善、顺从他人的想法。保持友好的态度当然是对的，不过办公室里有些非常"友好"的同事工作效率却非常低。（当然，有些烦人的同事效率也很低。）

怎样的工作方式才算是"正确"的呢？你当然可以想到那些"反面教材"，如没完没了却毫无结果的会议。不过，知道不应该做什么与知道应该做什么完全是两回事。要想有所改变，应该如何制订会议议程？我们应该讨论什么内容？谁来分配任务？如何分配？分配给谁？如果对良好的合作方式没有清晰的认识，我们就很难走出低效的怪圈。

厘清对良好合作的认识之后，你并不想让自己凌驾于其他同事之上。作为团队的一分子，你只是想努力让整个集体的合作变得更加顺畅。

我们不知道如何影响他人的行为

即使你对自己的工作应付裕如，并且对你所希望看到的合作形式也有着清晰的认识，但仍有可能存在其他问题——无法让别人改进他们的行为。

我们见过一些领导，他们拥有足够的权威，但他们做事很少能够成功。坏习惯是长期养成的，仅凭领导的一句话是无济于事的。领导下达的命令不会让任何人获得新的本领。大部分主管都知道，即使明令禁止人们"争夺势力范围"，大家还是会不断争夺权限。他们这么做是有理由的，如果一个员工单方面停止对自身势力范围的保护，他的势力范围就会越来越小。

如果连拥有足够权威的领导都很难改善下属的合作效果，你身为下属中的一员,又如何能改变同事的行为呢?

如果你独立工作时缺乏专门的知识,无法有效工作,如果你不知道你想让团队如何协同工作,如果你无法让大家实现这种合作,那么你无所事事也就很正常了。

也许,不做事比做事要容易得多。

解决方案:培养个人技能,明确目标,影响他人

将四分五裂的团队整合起来也常常无法完成目标。让拥有不同习惯的人协调起来实在太难了,我们常常觉得一个人无法实现这个目标。不过在实践中,有的团队的确比其他团队配合得好。这不可能仅仅是运气问题,他们一定是有什么窍门。

进一步地,我们会发现,有的人的确有过人之处。我们都知道有的人不是领导,没有发号施令的权力,但他们却能让一团乱麻的局面重新恢复秩序。如果团队中有了这么一个人,就不会纷争不断,人们会更加齐心协力,更有干劲,更加步调一致,业绩也能蒸蒸日上。也许,这个人是半退休的老主管,有时这个角色又由秘书充当。他们是如何凭借个人的力量做到这一点的呢?如果你想成为这样的人,你应该如何做呢?

本书可以指导你成为这样的人。阅读本书,你可以掌握有效的方法和策略,用于培养个人技能、对良好的合作获得清晰的认

识并说服同事实现这种合作。

提高个人技能，为团队做出更大的贡献

对于你来说，你自己的行为是最容易改变的。要想让其他人发挥出更大的力量，你自己必须先发挥出更大的能量。如果你的工作方法井井有条，你就可以更好地帮助他人工作。你可以从改善个人技能开始。

还是以爵士乐队为例。想象你是乐队中的一个成员，想让乐队表现得更完美。为此，你自己先要成为一名技能娴熟的乐手。除了练习，你还可以学习一些与演奏各种音乐和使用各种乐器相关的组织概念，如节奏、音阶、旋律、和弦等。学习如何"领导"其他乐手不仅仅意味着学习指挥技巧，用指挥棒敲打乐谱架，然后在空中挥舞双臂这类动作。不管你是爵士乐队的领导人还是普通成员，你都需要培养良好的演奏技能，并对自己或他人有帮助的一些基本概念有所了解。如果你想成为乐队的横向领导者，你也必须成为一名优秀的追随者。

一个医生可能会将自己的知识分门别类，以诊断处理各种疾病，这些类别有消化系统、血液系统、神经系统、骨骼系统等。这种分类可以有效地帮助他增强对知识的理解，将知识传授给他人，将工作做好。

身为教师，我们发现为了改善人们的谈判方式，牢记一些基本要素是非常有用的，如利益、选择权、标准、沟通、关系、承诺以及可供选择的方案，这些要素在一切文化背景下的谈判中都发挥着作用。类似地，在帮助人们学习如何合作的培训班上，学员们发现将重要课程按照少量基本要素进行归类是非常有用的。对于见习者来说，最重要的理论既不是对所有相关问题的复杂分析，也不是详细的工作守则，而是少数能够烂熟于心的实用工作要素。

在本书里，我们提出了五个基本要素。不管是独立工作还是与他人合作，这些要素都非常重要。每个要素都将用一章的篇幅来介绍。

目标（Purpose，第 3 章）

如果你不清楚自己想要做什么，就很难把事情做好。有的目标让人备受鼓舞，干劲十足，可以对取得的进展进行评估，有助于制订决策。有的目标则起不到这样的效果。有机会参与目标制订的人会更加努力地实现这一目标。

思考（Thinking，第 4 章）

我们所有人都很容易陷入漫无目的的空想中。几个简单的技巧可以让你进行更加专注的思考，帮助你产生新的想法并付诸实践。当人们共同工作时，这些思考技巧可以将众人的智慧转化成宝贵的财富。

学习（Learning，第 5 章）

空想并不能解决问题。你需要实践，以检验你的思想。你的团队可以培养一些良好的学习习惯，这些习惯有助于改善你们的工作表现。

专注（Engagement，第 6 章）

人们可以充满热情地工作，也可以漫不经心地工作。你为自己制订的目标会影响你的专注程度，一个团队也是如此。面对比较低的要求，你可以重新分配任务，或者改变任务分配方式，以激发人们的斗志。

反馈（Feedback，第 7 章）

学习的一种方法是在现实世界中进行实验并观察其结果，以检验你的想法。另一种方法是分享同事的观察结果，接受同事的建议。通过提出建议和接受他人的建议，你可以实现自我提升。你也可以将这些技巧告诉同事。你的团队应该本着相互扶持的宗旨寻求和提供反馈，而非相互竞争、彼此拆台。

不管你的任务是自己演奏音乐，还是组织一个团队共同演奏更加动听的音乐，你都应该首先培养处理这五个要素的个人技能。你应该拥有明确的目标，有条理地思考。

对大家共同使用这五种技能的良好合作图景获得清晰的认识

接着考虑爵士乐队的例子。你除了想知道如何独自演奏音乐,还想对优秀爵士乐合奏的声音效果获得清晰的认识。你可以使用节奏、音阶、旋律、和弦等有用的结构要素思考如何改善个人技能以及爵士乐队的合奏形式。不管你是以乐手身份进行非正式领导,还是作为正式的指挥领导乐队,你都想对成功的合作形式获得清晰的认识,你希望理解自己努力想要实现的目标。在你着手改善自己和同事的合作方式之前,你应该知道这种合作看上去或听上去是什么样的。

第3章到第7章不仅解释了各个基本要素以及相应的技能,以帮助你独立完成工作,而且介绍了联合使用这五种技能的目标。当你理解了独自工作的一些基本组织要素,你就可以将这些组织要素运用到团队合作的情形中。

学习一些促使他人给出良好表现的基本技巧

你所学习的独自高效工作的技能在与他人合作时也可以派上用场。这些技能可以提高你的合作能力。一个清晰的目标——一系列可以实现的具体目标——可以让你按部就班地工作。通过清晰而有条理的思考,你可以分析目前的合作状态,决定需要做出的改变;成功或失败都能让你受益匪浅;你可以选择合作中最能鼓舞激励你的领域进行改进；你可以就你努力想要影响同事的方式和同事可能努力想要影响你的方式，向同事寻求反馈。

除了这五个基本的工作要素，你还需要影响他人的简单策略。如果你是爵士乐队中的普通成员，自己也要演奏音乐，那么你无法向其他乐手发号施令。相反，你需要进行横向领导。你可以演奏一个简单的乐句，然后用点头、微笑或简短的语言提示邀请他人接着演奏。你可以起个头，引导大家来一段你觉得他们会乐意为之的即兴合奏。我们每个人都可以激励他人尽最大的努力让团队的干劲达到新的高度。有三种简单的方法可以让人们采取更好的工作方式：

- → 提出一个问题，让人们思考某个合作中的问题并寻求解决方案。
- → 说出你的想法，邀请人们接受、运用或修改这些想法。
- → 将你的想法付诸行动，作为进一步改进的基础。

关于本书

第3章到第7章每章分三部分，分别关注一个要素和相应的技能。首先，你要学习一种技能，这种技能可以帮助你在独自工作时把事情做好。其次，你要明确目标。你要知道团队所有成员共同使用这种技能时应该达到怎样的效果。接着，你要使用这些技能以及上述"提问、作答、行动"三个基本技巧，改进团队的合作方式。不管你的目标是结果导向（如建造小屋）还是过程导向（如改善你和同事的合作方式，以提高效率，把小屋建造得更好），你培养的个人技能都可以帮助你明确并实现目标。

上面我们简单介绍了五个要素以及相应的技能。下一章我们介绍与横向领导方法有关的其他内容，以及其后将要使用的方法和策略。

2 横向领导：如何巧妙地影响他人

第 1 章简要介绍了我们完成工作的方法。首先是确定成功获得最终结果所需掌握的技能；其次是清晰理解在使用这些技能的过程中团队内部将如何互动；其后将依次探讨各种技能，详细讨论如何获得这些技能以及如何与其他人共同使用这些技能。不过，仅仅知道你想让别人做什么是不够的，你必须知道如何才能让他们按照你的想法去工作。只有当你的同事有意愿采用这些技能和习惯时，整个团队的面目才会焕然一新。下面先介绍如何激励他人改变其行为。

问题：你无法让他人做出改变

大家都参加过这样的会议，神侃半天，与会者却迟迟无法就某个问题达成一致，完全是在浪费时间。可能你每天早晨来到办公室时都会感到非常沮丧，因为同事们的意见存在分歧，无法协同工作。对此你能做什么呢？

如果一个人所在的群体内部存在问题，那么他有两种标准的反应：一是扮鸵鸟视而不见；二是负起责任，直接向人们下达命令。可惜这两种方法都无济于事。如果你回避问题，情况当然不会好转，不过至少局面不会变得更糟。可是，问题的根源并没有消除。

你可能想要纠正别人的做法，但是也不管用。你可能见过有的人想要努力改善大家共同工作的方式，但收效甚微，而且他还因此受到别人的排挤，吃力不讨好。如果有人好心提出建议，有时他反而会受到冷遇："不要浪费我们的时间，我们要工作。"更有甚者还会被反唇相讥："你以为你是谁？精神资本家吗？"在这种情况下，你很想耸耸肩膀说："既然这样，那我能做什么呢？"

你也可以认真地问："我到底能做什么呢？"毕竟，希望还是存在的。我们都见过有些团队配合得非常好。在你参加过的团队中，很可能有的团队比其他团队完成了更多任务。你还可能想到一些善于引导团队合作的人，他们能让团队的工作更卓有成效。只需考虑一下你想和办公室里的哪个人共事，你就会明白这一点。

你可以研究一下这些人的哪些行为起到了上述效果。如果你发现了他们的秘密，就可以借用到自己的工作中。笔者对此进行了研究，下面会介绍一些研究结果。你可以检查一下我们说的是否有道理。如果合理，你可以采纳这些结论。当然，你也可能悟出更好的做法。

要想回答"我能做什么"这个问题，首先必须理解为什么改变人们合作方式的努力常常会功败垂成。如果我们不采取行动，局面不会好转，这一点很容易理解。不过，向同事提出建设性想法的效果为什么如此不如人意呢？

肇因：你发出的命令无法鼓励他人改变其行为

你改善合作的意愿受挫，有可能是同事的问题。也许他们经验不足，无法理解团队合作方式的重要性；也许一位同事想要争夺话语权，无法忍受其他人发号施令；也许有的人性格乖张，无法与他人相处。

这些解释当然可以阐释部分事实。我之所以这么说，部分原因在于这些分析并没有在你自己身上找原因。我们遇到问题时总是喜欢责怪别人，取得成绩时则喜欢把荣誉据为己有，这是人类的通病。正常情况下，你倾向于认为别人的行为难以改变是他们的问题，不是你的问题。既然人类天生存在偏见，你就应该抱着怀疑的态度看待以自我为中心的解释。你还有一个理由要在自己身上找原因，就是把所有错误归结给同事对解决问题于事无补。如果你的同事都不够优秀，那么你能做的只有离开目前的环境，或者辞去工作另谋高就。如果至少有一部分问题出在你身上，情况就大相径庭了。此时你只需纠正自身的问题，就能使局面大幅改观。你对目前不利局面的责任越大，你扭转局面的力量就越大。探寻你对问题负有的责任时，不要感到愧疚。你应该关注自己的行动，而不是责怪别人，因为这样可以让你变得更强大。

所以，如果你的同事没有像你期望的那样做出反应，你应该先考虑自己的做法是否有问题。

告诉别人应该做什么暗示了他们的地位比你低

所有人都格外在乎自己。不管你说什么，人们都会考虑到这些话的话外之音，他们会思考你如何看待他这个人以及你们之间的关系。如果他们不喜欢这些话中的隐含意义，他们可能不会接受你的说法。

你的同事会将你的要求理解成指责。即使是提问也会被理解成对他人的间接评价。比如一个人经过一个星期的忙碌工作后，星期六早上起了个早。吃早饭时，他在想应该做什么家务活。他想从事一些简单的活动，以便从办公室里繁重的工作中解脱出来，休息一下大脑。"地下室还是一团糟吗？"他问妻子。"多谢关心，"妻子回嘴道，"整整一个星期你都不帮忙，现在你还嫌地下室乱，你还好意思说我！"

星期一，这位先生上班了，他是一家装配工厂的生产线经理。上午，他给采购办公室打电话，询问一批设备的情况。他急需这些设备，以维持生产线运转。

生产线经理：这些电动机什么时候送过来？你之前说上周三就能送到这儿。

采购员：但是后来你改了订单，改成大号电动机了。你只要一改订单，送货时间就得往后延。这是常识。

生产线经理：好吧，我没想到这一点。我们能不能……没关系。下次跟我说一声，我们就不会弄错了。如果有人改订单，你得告诉他们什么时候能送货。

采购员：我们是按标准程序办事。以前从来没有人出过问题。如果出了问题，你可别赖我。

这两段对话是不是听着有点像？在这两段对话里，对方都把改进建议听成了指责，谈话很快变成了毫无意义的扯皮。这是怎么回事呢？

当你指导别人如何工作时，人们有可能认为你的言外之意是："你是有问题的，让我来解决你的问题。"他们认为如果一件事需要改进，那么它一定是有问题的；如果一件事存在问题，一定是某个人的责任。因此，"也许我们可以做得更好"会被理解成"情况一团糟，都是你的问题"。当你指导别人改善合作方式时，很容易引起别人产生这种情绪。即使你说话时心怀善意，别人也会认为你在批评他。

当人们认为有人在攻击他们时，他们会反击；有的人否认存在问题,因为这样就不会有人受到指责。他们会说:"哦,别闹了,情况哪有那么糟。别这么紧张。"有的人会攻击你的建议,以免有人批评他们没有早点这么做。他们会说:"这么做行不通。"还有的人可能会攻击提出建议的人,他们会说:"我怎么工作需要你教吗?"

面对这种反应,有人会想:"真是个蠢货!我只是想帮忙而已。"然后将此事束之高阁。其实你应该这样想:"他们的反应很正常。既然我知道他们为什么会有这种反应,我也许可以更有技巧地帮助他们。"

你的同事认为你给他们分配的任务没有之前重要。当你请求别人采取一种新的工作方法时,人们很少讨论但常常关心的一个问题就是:"我在这个新计划中扮演什么角色?"他们还可能问:"我在这种改变过程中起着什么作用?"如果一个同事感觉自己受人摆布,他可能对改善合作方式的努力反应冷淡。他认为决策是其他人做的,与自己无关。他可能担心你想控制团队,这样他就只能扮演次要角色了。

你们部门的销售人员正在开会,假如你提议不要简单列举你们上个星期实现的销售额,而是就如何赢得你们这个星期将要拜访的客户交换意见。如果其他人接受这个提议,他们会如何描述这件事呢?"露西提出了一个好主意,我们认可了她的提议,她是团队的领导者,我只是一个追随者。"要是他们反对你的提议,他们的说法就不一样了:"她的想法很愚蠢,我们可不愿意听她瞎指挥。"倘若只能从这两种说法中选择一个,那么所有人都有理由反对你的提议。如果一个建议看上去无法让人们获得"共同发起人"的地位,只能让他们成为追随者,那么他们不太可能支持这种建议。

更糟糕的是,他们可能不再与你合作。面对分歧,许多人会采取回避态度。倘若他们无法参与决策,他们可能会完全退出,让其他人完成这项工作。如果你想充分利用团队中所有人的想法和力量,你就不应该将某些人拒之门外。

单纯告诉人们做什么并不能说服他们

一方面,你所说的话可能会被理解成你在指责某人或降低他们所扮演角色的重要性。另一方面,有些话如果你不说,人们可能无法理解你的想法,无法参与到思考过程,从而无法判断你的想法是否有效。

人们不理解为什么要改变。 作者的一个朋友是管理顾问,为公司设计改革计划。他的客户大部分是信息技术公司。他说,对管理者而言,最大的错误是不向员工解释为何公司要变革某一流程。员工只知道改变工作方式的成本和困难,不了解这种变革是一种进步，他们当然会产生抵触情绪。即使服从命令，他们也不会很热心。当你想要说服同事采取一种新方法时，道理并无二致。

那么，你为什么不把所提建议背后的想法说出来呢？也许你自己还没有把想法完全理清。你的脑中出现了一个念头，你觉得是个好主意，不过你常常无法说清这个主意好在哪儿，你自己都还没想明白呢；你可能不愿意说出自己的想法，因为你担心有人会发现其中的问题；你可能不善言辞，无法谈论自己的想法，毕竟合作方式是一个复杂的话题；你可能心中有数，知道哪些方法可行，哪些方法行不通，但却无法说清个中缘由。你很想说："来吧，照我说的做就行了。请相信我。"

他们没有参与思考过程。即使你对思考过程做出了清晰的解释，这个计划也还是你的，不是他们的。你虽然把工作的思路告诉了他们，但是他们并没有这种想法的"所有权"。如果一个人没有机会参与决策，无法对结果施加影响，那么他在执行这一决策时可能不会很热心。

他们没有看到你把想法付诸行动。如果一个工作建议停留在思想和语言层面上，那么这个建议还只是理论性的，往往无法说服别人。我们常常听人说"行胜于言"，但是我们总是把这句格言当成耳旁风。如果不将你的语言付诸行动，你的说法就不会有很大的力量。既然你自己都不去实践自己的想法，别人也就有了不按照你的说法去做的借口。

解决方案：采取横向领导方式，以避免直接告诉他人如何工作所产生的负面影响

如果你向别人指派工作任务时常常无法得到配合，你应该做什么呢？从本质上说，横向领导方法是请求同事与你共同解决问题的方法。单靠你一个人的力量很难扭转局势。不要妄图用一种方法解决所有问题，你应该努力改善团队共同工作的流程。你要让你的团队养成习惯，每个人都要努力改善合作方式。如果你能做到这一点，整个群体就会产生源源不断的内生动力，大家会共同把工作做好。简单地说，你并不需要研究如何解决问题，关键在于改善解决问题的过程。

要想影响同事的行为，你不能摆出高人一等的架势，必须以平等的身份把你的信息、分析、思想和建议提出来。你们是在对未来的合作方式进行非正式"协商"。既然是协商，你提出的建议就必须接受大家的检查。告诉别人应该做什么与邀请别人参与决策两者可是天壤之别。你所说的话既不能是命令、指挥、要求，也不能是对是非对错的明确判断。此外，你提出的问题和建

议应该非常具体,便于进行清晰且易于操作的实践,以引起大家的兴趣。

如果人们认为这种改变能让他们有所收获,那么他们更愿意帮助你改变你们的合作方式。当然,如果你们的做法能够有所改善,最终所有人都会受益。除此之外,假如你的同事参与到改善工作方式的决策中,那么他们从一开始就能有所收获。你提出的问题和建议可以引起他们对这件事的兴趣,就像汤姆·索亚让朋友们粉刷围墙那样。不管汤姆是欺骗了朋友们还是满足了朋友们做事的兴趣,你都不应该对同事耍花招。改善合作方式显然比刷墙更有意义。为避免直接向同事分派任务常常引起的负面反应,你应该采取一些特别的做法,如提出问题,提供建议,或者用实际行动做出示范。

对事不对人

你应该心平气和地谈论你们的合作问题。你要让同事们相信,研究症结所在不会对他们造成威胁,你无意责怪他们。

你应该责怪大家共同使用的方法,而不是你的同事。如果你的同事不用担心受到批评,那么他们更容易加入改善工作方式的过程中。这一点显而易见。毕竟,你的目标不是责怪某人,而是改善当前的局面。例如,你们可以坐在一起,共同面对问题,一起研究产生问题的原因,而不是研究造成问题的人。你们在谈话之前应该说明，你们并不想为难某个同事，只是想解决问题。

合作是几个人共同参与的结果。没有人能对合作中出现的问题负全部责任，也没有人能完全脱得了干系。你们应该研究你们使用的方法是否具有足够高的效率，而不是研究谁对谁错。如果锯子更好用，你们就不应该用锤子。你们应该研究工具的问题，而不是人的问题。

回想之前提到的没有按时拿到电动机的生产线经理。他或者可以这样跟采购员说："你得改进工作方法了，要不然我们就去找领导，谈谈你这种不思进取的态度。"也许生产线经理是有道理的，但他这么说只会让采购员产生危机感，迫使他在别人身上找理由。他会找理由解释他当时只能这么做。如果生产线经理责怪的是他们的合作方式，效果就大不一样："这么做效果似乎不好。我当时没有询问送货日期是否会变，而且我不记得你那时是否跟我强调过这点，我们当时都觉得没有问题。也许我们可以换一种方法。你有什么好主意吗？"

承认他人的行为出于好意。有时同事的工作方法看上去缺乏效率，但他们这么做可能是有原因的。很少有人想要阻止你完成更多的任务。更多时候事出有因，有的人可能还有其他重要而紧急的工作要做，因而仓促了事；有的人可能标准很高，希望继续寻找更好的方法，因而认为你的想法不够好。他们其实可以采取更积极的方法追求这些目标——前提是这些目标都是合理的。你要试着猜测他人行为背后的良好动机。当你讨论一个问题时，首先要承认他们的好意："我知道你很忙，可能你对降低成本非常关心。我一直在思考一个问题，想听听你的意见……"

如果人们知道你想倾听他们的意见，那么他们更容易倾听你的意见，而且他们知道，你重视他们的想法，你所提出的建议会考虑到他们的意见。

承担一部分责任。团队的成功合作是所有个体共同努力的结果。出现问题时，每个人都有责任。你可能没有意识到目前的不利局面与你有什么关系，不过你的同事一定会看到这种关联。

承担问题的一部分责任是一种明智的做法："我想我们可以让团队更好地合作。我相信目前我们面临的困境也有我的责任，甚至责任不比你们轻。我们研究一下怎样共渡难关吧。"在谈论你所犯下的错误时，把问题说得具体一些，这样更容易让人相信你的诚意。你不应该说："好吧，我也有问题。"你应该说："恐怕刚才我们各说各话了，这的确是我的错。琳达正在解释她的想法，结果我打断了她的话，开始谈论我的意见。这样做是不对的。也许我们可以先把大家的想法列出来，然后依次讨论每一种想法。现在先从琳达开始吧。"

对目前的局面承担一部分责任是正确的做法，而且这样不会让其他人产生强烈的危机感。人们会认为承认自己的行为有待改进是安全的，因为你并不想把哪个人赶出团队。

斟酌人们如何看待他们的角色

当你提出问题和建议，你也为其他人设定了角色。从这个角度看，改善团队的工作方式有点像制作电影。当你的同事考虑是否接受一个角色，大家关心的问题可能是"我的角色好吗"。你所分配的角色既要满足同事的期待，又要帮助团队提高效率。

你所分配的角色要有吸引力。 如果无法得到所有人或几乎所有人的支持，你就无法改变团队的工作方式。要做到这一点，你要设计出每个人都想出演的角色。这个角色应该是活跃的。很少有人喜欢坐在看台上欣赏其他人表演。首先，你所设计的角色应该具有吸引力，至少要能让人有一些有趣的事情可做；其次，这个角色应该能够赢得人们的尊重，角色扮演者自己要尊重这个角色，其他人也要尊重这个角色。比如你说："我们要讨论明天的野餐计划，你来做饭好不好？"面对这种邀请，没有人会拒绝。如果一个角色能让人展示出自己的能力，那么这个角色将具有更大的吸引力。大部分人并不在意在人群中脱颖而出，但很少有人喜欢低人一等。

你所分配的角色要能让人更有力量。如果你所建议的角色能让你的同事获得更大的力量，那么你就能吸引到更多的人。大部分人都希望拥有决定权。假如人们能在某种程度上控制他们所做的事情以及团队的前进方向，那么他们会更愿意加入这个团队。

如果你的同事能够提高自身技能，那么所有人都会受益。更重要的是，他们能养成改变的习惯。即使团队中只有你一个人通过横向领导改善你们的工作方式，你的努力也会得到回报。假如其他人也在主动贡献想法和精力改善你们的合作方式，那就更完美了。当你的同事与你具有同样的横向领导能力，甚至超过你时，你的横向领导就获得了最大的成功。

邀请同事共同制订改变计划

要有效改变我们的工作方法，团队中的每个人都需要理解并努力实现这种改变。若要做到这一点，最好的方法就是让每个人参与到改变计划的制订中。这样一来，每个人都知道为何选择这种改变计划，每个人都会对新的工作方法具有足够的自主意识，希望这种方法获得成功。

保持开放的心态

你希望同事接受你的思想。要鼓励别人接受新思想，最好的方法就是接受别人的新思想。说服同事相信你愿意接受他们的正确意见比说服他们接受你的意见容易得多。你的目标不是让别人对你的想法言听计从，而是发挥集体的智慧。每一种想法都可以得到改善。例如，作者认为本书提出的改善人们合作方式的指导方法非常出色。不过，我们相信这些方法也可以得到进一步改善。假使我们再殚精竭虑一年，这本书很可能会变得更好。有了读者提出的问题和建议，本书一定会得到改善。不过，我们永远也不可能让这些方法完美地适用于所有读者。每一位读者都可以根据这些思想摸索出属于自己的方法。

如果你提出了本书列举的一个建议，你的同事可能会改进这个建议。不要死抱住你提出的第一个建议（或者后来的某个建议）不放。你应该听听同事们的见解，选出最好的方案。

如果有人意欲改善团队的合作方式，你应该支持他。不要试图盖过他的风头或者关注其他问题，你将来会获得机会的。由职业斡旋家和职业协调人组成的会议是最糟糕的，因为人们会争相证明自己最清楚如何改善团队的合作方式。要做一名优秀的领导者，你必须知道何时应该做一名合格的追随者。

实践：选择一个策略，引导人们按照你的思路思考

本章介绍的基本方法可以转化成易于操作的简单策略，用于鼓励人们贡献出自己的力量。如果直接向别人分派任务不管用，

你还有三种不易招致他人反感的方法：提出问题，提供想法，做出表率。不要小看这些技巧，它们具有实实在在的效果。要成功使用这些方法，你首先要做到的就是发自肺腑。当你对一个问题很好奇，很想知道答案时，你提出的问题是真诚的。当然，"你为什么这么白痴"这类攻击性十足的问题并不是真诚的问题。你提出的想法必须停留在想法阶段，不能是结论、决定、通知，因为这些想法还要接受人们的讨论和检查。你所做出的行动应该是有效果的，不能仅仅是作秀，应该能够供别人借鉴使用。根据真诚原则，你可以使用下面一些方法。

提出问题，征求他人的意见

要让别人和你共同改变工作习惯，最简便的方法就是提出问题。这种方法在关注问题的同时不明确指定可能引起同事反对的一种解决方案。如果处理妥当，没有人会感到自己受到了批评。大多数人都喜欢当众对团队努力方向贡献出自己的力量。除非受到质问，很少有人在被问及有什么建议时会拒绝回应。

解释提问的目的。 如果人们不知道你提出问题的原因，即使是真正的开放式问题也可能让人恼火。前面提到的那位丈夫询问地下室还乱不乱，本意是考虑上午是否要收拾地下室。妻子误解了他的意图，以为丈夫是在用提问的方式批评她没有打扫地

下室。

如果同事不理解你提问的原因，他们可能会往最糟糕的地方想。你应该让他们关注问题本身，而不是揣测你的意图。多花点时间解释你的想法可以让对方放心。"亲爱的，我在想今天应该做点什么家务活。你觉得需要我做什么？地下室需要收拾吗？"类似地，如果你换一种说法，你可能会得到采购员更大的支持："乔，我需要你的帮助。我知道我们更改了这些电动机的规格，但是我们的确急需这批货。没有这些电动机，生产线就会慢下来，我的老板就会过问此事。我还有什么办法能让你尽快把货送过来吗？"

提出真正的问题。我们很容易养成通过提问强迫别人接受自己想法的习惯："我们的确需要明天早上八点见面，你觉得呢？""目前的情况无法令人接受，对吧？"这些说法虽然用的是疑问句，但其实是希望别人接受你的提议。

不要提出指向某个答案的引导式问题。相反，你应该提出指向某一范围的开放式问题。"你觉得造成问题的原因可能是什么"就是一个开放式问题。只能用"是"或"不是"回答的闭合式问题会限制人们的参与程度。"你觉得安德鲁的抵制是造成问题的原因吗"并不是开放式问题，你应该让你的同事充分而平等地参与到思考中来。

当你提出一个问题，同事们通常能判断出你心中是否已经有了答案。此时他们不会认真地思考，而是猜测你的观点是什么。他们同意还是反对你的观点主要取决于他们对你的态度，而不是对问题的公正考虑。人们也可能讨厌引导式问题，仿佛你是老师、他们是学生一样。

提出你的想法

如果你的确有自己的观点，你应该如何做呢？如果你已经有了完美的答案，就不需要提问了。不管你有什么信息、思想、建议、意见，你都可以拿出来分享。

通常来说，把你的想法告诉别人与提出你的想法并没有区别。为了方便讨论，这里将二者区分开。当你把想法告诉别人时，你认为他们应该采纳你的想法，而当你提出想法时，他们只需要加以考虑。"告知"就像发布命令一样："这是我们需要做的事。""提出想法"则是解释性的："如果我们想不出更好的办法，就可以这么做。"你可以像宴请宾客一样，把你的想法放到台面上供同事选择。不要把你的思想强加给同事。你的目的不是宣传一种想法，而是寻找最好的想法，它并不一定是你提出来的。如果同事提出的异议有道理，应该给予鼓励。你应该让大家来决定是否以你的想法作为出发点。如果工作进展得不顺利，大家还可以随时抛弃你的想法。

你提出的想法可以鼓励其他人加入思考中来。这种方式不会把人拒之门外，而是会把人们吸引到一处。人们将乐于对各种想法做出判断，并产生新的想法。

贡献出自己的一份力量。改善合作方式有点像共同解一个纵横填字谜。当你或者另外一个人独自填字，其他人眼巴巴等着或者紧张地盯着你看时，你们的效率自然很低。如果你把字谜在众人之间传递，你就可以运用集体的智慧获得更好的结果，人们也会对你少一些埋怨。

也许你有一个好主意，但这个想法并不是神圣而不可侵犯的。你的想法并不是伦勃朗的油画，没有达到"添一笔则多"的境界。你最好先描上几笔，然后把画笔交给其他人。你应该鼓励其他人对某种想法进行修改，使之变得更好。你应该邀请他们进一步发展你的思想。"我们撰写这份建议的方式似乎不对。我对你的版本进行修改以后，你看了我的手稿，又把我删掉的内容加了回去。我想这是因为我不理解你的文字背后的想法，也许你也不理解我的想法。这么说没错吧？你觉得我们应该怎么做呢？"你可以鼓励别人想出实践某个想法的具体计划。"我想我们需要在退改回来之前弄清对方做出改动的原因。具体怎么做呢？我们可以添加脚注，解释改动的原因，或者把这份建议读一读，讨论一下。你有什么办法吗？"

使用第 4 章介绍的"四象限"方法,我们很容易在每个象限中提供一些数据、分析或新的想法,然后以此为基础请大家进一步思考。你可以分享你对局面的看法,然后邀请其他人分享他们的观点,或者提出他们对问题的分析。

鼓励别人怀疑你的想法。有的人可能不愿意反驳你的分析,担心引起争论;有的人不知道如何就观点本身进行辩论,他们可能会与你本人进行对抗。对于这两种情况,明智的做法是让人们更倾向于怀疑你的想法而不是你本人。公开你的思考过程有助于别人检验你的结论。你的思考过程表达得越清晰,人们越容易发现其中的错误并予以纠正。这样一来,"集体思维"就不容易产生愚蠢的计划,团队成员之间也不容易产生摩擦。

与人们的预期不一致的示范行为

你的行动能以两种方式影响他人的行为。行动有时是解释想法的最佳方式。仅仅在口头上谈论我们共同工作的方式可能让人感到很抽象,难以理解。为了把问题说清,你可能花了很长时间,但人们还是感到迷惑不解,而且双方都沮丧不已。我们大多数人并不习惯于谈论问题,一张图片的效果可能胜过千言万语。

此外,有的人并没有命令他人的权威,但他们也能领导大家完成某项工作。不管你做什么,只要你做出示范,就能向人们发出一个强烈的信号，表明我们正在共同努力。

要让示范行动发出信号，这种行动必须被人看见。一家成功的有线电视公司的总裁一天晚上下班时发现电梯前的地毯磨破了，很容易把人绊倒。他很失望，因为没有人主动修补地毯。他希望公司里的人看到问题就去解决，而不是把问题推给别人。第二天，他从家里带来一些胶带，晚上把磨破的地毯粘好了。几个月后，胶带松了。过了一个星期，没有人处理这个问题。总裁觉得很奇怪，他不知道为什么还是需要由他亲自解决这个问题。随后，他意识到如果人们看不到他的行为，就没有人效仿他。于是第二天早上 8 点 45 分，有员工发现总裁跪在地上修补地毯。在员工们的踊跃申请下，总裁把修补地毯的工作交给了他们。

如果示范行动与人们的预期不一致，这种行动会更显眼。如果一位高管收拾遗留在会议室的咖啡杯，就会起到很强的表率作用。如果这位高管的秘书建议部门主管聚在一起就目前的某个项目进行沟通，这行为也会违反人们对其主动性和职责的预期。倘若这两个人的行为颠倒过来，没有人会注意。你为了影响他人行为而做出的示范在被同事看到时是最有效的。

使用"四象限"来组织和解释你的思路

当你提出想法或询问别人，拥有一个考虑问题的简单结构是很有帮助的。如果你能做出简单的解释，你的结论将更有说服力。掌握一些标准的问题可以让你学会如何邀请别人考虑你的想法并做出改善。下面的结构框架经过了实践检验，非常易于使用。第4章还会进一步介绍这个框架。

一、数据	二、分析	三、方向	四、下一步
问题是什么？	可能的原因是什么？	应采用哪些策略？	之后应采取哪些具体步骤？

这四个步骤提供了一个思考问题的基本结构。当你想要做一件事时，不管是一件具体的工作（如捕鱼）还是改善你们的合作方式（如你们共同捕鱼的方式），你都可以按照这四步进行思考。这种方法有利于把一堆复杂问题分门别类。接着，你可以请一位同事分担力所能及的一部分任务。你可以一步一步地前进，不至于在错综复杂的问题中失去方向。你可以用这个"四象限"工具评估一个团队解决合作问题的进度。你可以把四个步骤制作成图表摆放在团队面前，或者通过提问的方式指导团队前进。

假设你在一家大公司上班，你和其他几个在不同部门工作的人接到了一个制订来年培训计划的任务。目前的培训计划饱受批评。你希望你们能制订一份比较好的计划。可是在前几次会议中，你发现你们的合作并不像想象的那样顺利。

有两个问题。第一个问题是你们的工作内容——制订明年的培训计划。第二个问题是你们如何共同工作——你们的工作方式与相互交流的方式。现在来看第二个问题。如果你们想有效制订出明年的培训计划，你们需要拥有良好的合作方式。

也许你们过于关注实质性工作，没有注意到问题的部分原因在于你们的工作方法。此时不要先提出建议。你应该邀请大家讨论一下目前的情况，引起人们对问题的注意。这是"四象限"的第一步，即"数据"。

"制订一个新计划不应该这么难。我知道我们都很忙，不过，我们已经在这里待了45分钟，却没有取得多少进展。这到底是怎么回事呢？"可能大家都知道团队的工作方式不正常，而且非常清楚哪些方面存在问题。在这种情况下，你可以想办法让大家关注造成目前困境的原因，即"四象限"的第二步"分析"。你可以检查这些原因，看一看哪个原因与事实最吻合。你可以鼓励大家共同思考："也许团队遇到问题的原因是我们还没弄清我们努力实现的结果。"结果你们发现，有的人认为你们的任务是制订一份未来的可行性方案；有的人认为你们应该制订新的课程；有的人认为你们应该收集所有人的意见并向大家汇报。

一旦所有人就目前的困境达成一致，你就可以通过提问的方式引导大家思考解决问题的不同方法，即你们可能采取的"方向"。"我们也许应该弄清我们的目标，大家认为这个团队的成果应该是什么样的？"

通常，你们还需要把好的想法转化成行动。此时，你可以站出来，引导大家关注接下来的具体工作；如果有人去做这项工作，你们的合作会变得更好。"我们如何制订清晰的目标？在外人眼里，从今天开始的一个月后我们应该取得什么结果？"

上面介绍了为何使用"告知"方式有可能达不到目的，以及如何使用横向领导方法实现直接向他人分派任务时无法达到的效果。这种方法的关键在于让同事自我感觉良好。当你询问一位同事的意见时，他不会认为自己受到了批评，反而可能会感觉自己受到了恭维。他可能会抵制别人提出的解决方案，但面对开放式问题时会自己思考，想出自己的方案。此时他不是处于从属地位或次要地位，而是团队的共同领导者，能够对结果产生重大影响。

下面五章将分别详细介绍做事的五个要素，研究如何提高与这些要素相关的个人技能，描述联合使用这些技能和方法的目标，以及用提出问题、提供建议、做出示范这些横向领导方法实现上述目标的具体做法。

Getting It Done

第二部分
做对 5 步，团队就是你的了

Purpose

Thinking

Learning

Engagement

Feedback

前面介绍了说服他人改变其行为的技巧。那么，我们希望他们具有什么样的表现呢？如果你不知道你的同事应该采用的工作习惯与工作步骤，那么上面这些方法也于事无补。

幸好，我们并不缺少建议。各种书籍与杂志中充斥着无数与此相关的详细清单，有些建议很好，有些则不堪大用。不过，没有人能把这些建议全部读完。最有用的建议应该简单易记，同时足以解决我们共同工作时可能出现的大部分问题。

医生研究人体结构时，不会把数千种骨骼、腺体、血管放在一起研究。他们会把人体解剖结构分成几大系统，以简化研究，如骨骼系统、血液系统、神经系统、消化系统等。类似地，本书的第二部分把团队合作问题分解成了几个基本要素，对于个体在工作中对各个要素的处理提出了简单的建议，并简要介绍了在团队中如何更好地管理这些要素。

最后，我们还会介绍一些横向领导技巧，这些技巧可以让其他人采纳更好的工作习惯。

3　目标整理术：把团队拧成一股绳

如果你不知道你想努力获得什么目标，那么你很难成功。"目标"是我们要介绍的第一个要素。你可以根据"目标"检查团队的工作方式。在分析他人的行为之前，应该先审视一下你自己。你是否拥有一个督促自己有效工作的目标？如果你现在并无明确目标，你知道如何确立目标吗？

一位年轻的律师刚刚加入纽约一家著名的律师事务所。每天晚上下班赶火车时，他都会看一眼大厅里张贴的公司愿景，上面写着：

> 我们的愿景是，在法律实践中做到出类拔萃，积极服务客户，让我们的代理人和员工在专业和个人两方面都获得满意。

律师记住了这个愿景。在回家的路上，他对这个愿景进行了思考。"在法律实践中做到出类拔萃，"他想，"我连何为出类拔萃都不知道。我既不知道如何才算做到出类拔萃，也不知道为什么我要努力做到出类拔萃，更不知道为了做到出类拔萃,我明天应该做什么。"

🔻 培养一项个人技能:
制订良好的个人目标

在改善团队制订目标的方式之前,你需要培养出制订个人目标的技能。这意味着掌握一些有助于制订目标的标准做法,涵盖你一个人独自工作的情形。若要掌握这些标准做法,首先要审视你目前选择目标时的习惯。

问题:你竭尽所能工作,却常常没有拿得出手的工作成果

你可能有时在工作中突然停下来问自己:"我为什么要做现在的事情?"也许你马不停蹄地从一件事情转换到另一件事情上。你可能刚刚接到一通电话,收到一封信,不及旋踵,又得接待一位前来拜访的同事。许多人都有过这样的经历。一份针对大公司主管的研究发现,这些人的大部分时间都是在打断同事与被同事打断中度过的。我们大部分人都把时间花在了与我们想要完成的工作几乎没有关系的事务上。有时我们越努力,收获越小。

肇因：你缺少一个良好的目标

造成这种问题的一个原因在于你对工作目标缺乏理解。和前面提到的那位年轻律师一样，你目前正在做的事情可能是公司要求的，不过这并不是一个能够帮助你把工作做好的目标。

缺乏目标会影响人们的工作效果。《圣经·箴言》有云："没有憧憬，民必消亡。"如果你的头脑中没有目标，你很难知道自己的工作做得如何。倘若你不知道工作的目的，即使接到明确的命令，你的工作积极性也会大打折扣。谁喜欢接受没有目标的任务呢？不久以前，军队中有一条规定，犯错误的士兵要在地上挖一个深坑，然后把它填平。对于习惯劳累的士兵来说，这一行为最可怕的地方在于没有任何意义。没有目的的工作是一种惩罚。

传统的管理理论认为，把任务的目的说清楚对改善员工的表现至关重要。大家都听说过这种观点。这句话说得没错。既然如此，为什么你不定期对你们的任务（即目的）进行解释呢？如何解释你们目前的实际行动呢？下面请你考虑一些可能的原因。

你的反应针对的是过去的事情，你没有着眼于未来

我们往往喜欢回顾过去，而不是放眼未来，这可能是一个原因。"为什么"一词可以引出两类完全不同的问题：

→"我是因为什么做这件事的？"

→"我做这件事的目的是什么？"

第一个问题是在追溯之前发生过的事情，第二个问题是在展望一个理想的结果。

我们常常没有将引起我们行动的原因与我们意图实现的目的或目标区分开。我们在解释自己的行为时，常常不是用"为了……"开头引出未来的目标，而是用"因为……"开头提到过去的某件事情。

过去发生的事情的确可以很好地解释目前的行为。也许我们的大部分行为都是过去的事情引发的，如成本增加、库房空间不足、战争、饥荒、洪水等。如果这种触发事件是来自他人的请求，我们常常不会充分考虑自己的目标。与担负起完成目标的责任相比，按照别人的几个命令行事、把大局问题留给上级去掌控要轻松得多。

即使按照上级的指示行动，仅仅有一个"被动的原因"也是不够的。"你为什么急着去拿报纸？"

"因为这是老板的命令。"

老板下达的指示足以作为拿报纸的理由，前提是你不想怠慢老板或违抗老板的命令。不过，如果你知道老板让你拿报纸的目的，你可能会把工作做得更好。你的老板是想把报纸垫在油漆罐下面，还是想了解有关波斯尼亚的最新消息或目前公司的股价？

如果你不知道这份差事的目的，你就不知道应该在放报纸的柜子中取出一张旧报纸，还是在报摊上购买今天的报纸，抑或是在网上查看目前的股价。在不了解目标的情况下，你不大可能知道正确的做法是什么。我们常常会逃避制订目标，因为这件事很难。展望未来并不像回顾过去那么容易。我们了解自己已经做过的工作。有人曾说："先见之明是一门学问。"将我们想努力实现的目标描述清楚需要一定的想象力。从某种程度上说，这个问题源自我们的头脑感知现实的方式。过去发生的事情是真实、切近、清晰的，而我们所计划的未来是模糊、朦胧、不确定的。同目前影响我们的事情相比，研究未来的事情需要花费更多的精力。

你已经有了一个目标，但是它不管用

决定采用一个面向未来的目标仅仅是第一步。我们有时为了过去的某件事而不是未来的目标工作，因此非常盲目。

我们知道，一家公司或一个政府机关应该拥有愿景。人人都这么说。股东和政府官员都认为公司或政府机关应该有一个愿景。不过，人们对愿景的意义并不十分了解。除非你对拥有目标的目的十分期待，否则你的目标可能仍然起不到应有的作用。因此，许多团体的愿景或目标并不能鼓励它们的员工、指导他们的工作或者帮助他们判断哪些工作更加重要。

大部分愿景都存在一个或多个问题。

它们无法激励人们的士气。有些目标表述得很明确,但是对人们起不到激励作用。平淡的目标尤其如此:整理资料,这样我们在需要时就知道在哪儿找到它们;填填表格,这样老板就不会抱怨我们没有工作记录了。拥有一个没人关心的目标几乎等同于没有目标。

它们无助于衡量成功。良好的目标还有一个功能,就是提供衡量成功的某种标准。在一天、一个星期、一个月、一年结束的时候,我们希望回顾过去时发现自己有所成就。我们希望有所进步。

它们没有提供当前的方向。你的目标可能足以激发人们的士气,但是缺乏短期的方向。令你备受鼓舞的远大目标可能很遥远,你并不知道为了实现这个目标明天应该做什么。假设一群理想主义者对给人类带来巨大灾难的战争深恶痛绝,成立了一个非营利组织,目标是"为和平而工作"。不管这个目标多么美好、多么值得赞扬、多么鼓舞人心,和平本身并不足以指导他们的行动。他们可能会朝着不同的方向努力,甚至可能互相冲突。有的人可能相信"通过扩充力量实现和平",支持政府发展核威慑武器;而有的人可能通过裁减军备来努力实现和平。

如果你的目标不能满足这些标准,你会发现目前你的大部分工作与目标并没有关系。本书作者罗杰有一个习惯,他喜欢在法律专业课上请同学们说出如果他们能活上70岁,他们希望朋友在追悼会上说些什么。同学们的回答非常相似:"一如既往地关心家人、帮助朋友……致力于奉献社会……助人为乐……拥有充实的人生……"当这些工作狂被问及他们正在寻找的工作或他们梦想的工作与上述目标有什么关系时,他们却哑口无言了。远大的目标与勤奋的工作都是必不可少的,不过如果你不能把今天做的事情与最终目标联系起来,那么你永远也无法实现目标。

制订目标并非轻而易举

制订出一个非常适合你为之努力的目标是很困难的,因为短期计划和长期计划存在差异。展望遥远的未来,我们可能会具有理想色彩,富于想象力,充满远见。长期来看,一切都是有可能的,我们不会被眼下的问题限制住。

不过,远大的理想对今天的工作几乎没有影响。我们每天一直在做的日常工作与遥远的目标之间常常毫无关联。你每天都在努力工作,回答别人提出的问题、接电话、阅读信件、收发邮件。不过,即使你有时间思考一下令人兴奋的远期目标,也不会让这个目标变成现实。没有人关心微不足道的目标，但是宏伟的目标似乎永远也无法实现。这种目标可能离我们很遥远，我们并不知道如何才能离它更近一些。

方法：制订一个能够激励和指导你的目标

不管你做什么，都需要有一个明确的目标。你可能在搭建围墙，撰写报告，或者努力改善你与他人的合作方式。如果你的任务是选择目标，你就更需要目标了。你需要知道为什么你需要目标。

不要只是被动地反应，要主动向前看

我们常常认为目标是别人给予的，是事先存在的，它们放在某个地方。我们往往认为只需要简单想一想，就能想起我们的目标是什么。实际上，良好的目标不是找出来的，而是制订出来的。

你不需要在回顾过去与展望未来之间做出选择。你可以兼顾两者。回顾过去可以帮助你发现一些可能的目标，知道自己应该做的事情、这些事情的紧急程度以及不这么做的危险。不过，回顾过去并不能让你获得足够多的行动指导。不管来自过去的原因如何紧急，你能够影响到的只有未来。

你可能正在参加一个管理课程，因为这是老板推荐的，或者因为公司已经交了学费；你可能正在研究某个竞争对手的产品，因为领导让你这么做。不管这种来自过去的原因多么重要，你都应该展望未来，为自己制订一个目标。你会从中受益匪浅。

如果你正在参加一个管理课程，那么你想得到什么呢？你想学到什么分析方法？你想获得什么技能？如果你所在的团队正在研究某个竞争对手的产品，那么你们的目的是什么呢？是想找到其中的缺陷然后告诉消费者？还是想借鉴他们的创意？

专注于为实现目标必须要做的工作上，和做其他想要做的事情之间永远存在矛盾。不是每一家企业的每一个活动都能用于实现某个美好的远期目标。不过，你可能会把过多的宝贵时间和精力用在阅读报告、写推荐信、欢迎外宾以及其他"友好事务"上，这些工作并不能帮助你向理想的目标迈进。你不可能把生命中的每一秒都用在为实现目标而付出的努力中，不过你应该尽可能地抓紧时间。你可以把减少花在无关活动上的时间作为一个目标。正如艾伦培训班上的一位经理所说："我们的时间是有限的，但我们能做的工作是无限的。"

制订一个有助于完成任务的目标

一旦你意识到目标是选出来的，你就需要做出选择。这种目标可以是一天的目标、一年的目标，也可以是一生的目标。并不是所有的目标都一样优秀，有些目标能帮助你更好地提高效率。

拥有目标的目的是什么？一个良好的目标应满足什么标准？如果我们在清晰的目标下能工作得更好，那么我们在制订目标时拥有清晰的目标显然是不无益处的。有些人仅仅满足于"活得开心"这个目标。如果你压力很大，你的目标可能是"熬过这一天"。你的目标越大，你完成的工作就越多。一组优秀的目标应符合四个标准：

→ 鼓励你付出更大的努力。

→ 有助于对成功进行衡量，对你付出的努力进行评估。

→ 鼓励你从现在开始努力。

→ 保证你的日常工作有助于实现你希望实现的最终结果。

在三个时间段制订目标

同一个目标不太可能满足所有这些标准。如果你的目标远大、鼓舞人心——比如终结城市中心区的校园暴力或创办一家能够成为市场领导者的创业公司——那么我们很难看出为了完成这个目标今天应该做什么。如果你的目标比较谨慎，很快就能实现——比如编辑一所学校的青少年犯罪信息或寻找挖掘一位潜在客户的方法——但这种目标很难产生较大的影响。既然宏大的目标与实际的目标都存在问题，那么最好的建议就是不要在二者之

间做出选择,而是同时采用这两个目标。通过在三个或更多时间段制订理想的目标,你可以获得:

→ 鼓舞人心的远期目标。
→ 本身具有价值的中期目标。
→ 一些可以即刻着手去实现的短期目标。

你可以不断修改这些目标,确保它们相互协调。

鼓舞人心的远期目标。只有当你的目标具有实际意义、足以激发一定的工作热情,你才有可能把一份工作做好。仅仅制订清晰的目标是不够的。如果你的目标是在地上挖出 20 个两米深的洞,然后把它们填平,这个目标显然非常明确。不过,除非你能给出合理的解释,否则这个目标无法令人满意,不能作为实用的工作目标。

你需要预见到未来的情况,以证明目前的努力是有价值的。你希望同事们不仅实现人们的预期,而且发自内心地为他们所理解的目标努力。国际红十字会的工作人员和其他救援工作者面临着巨大的危险和困难,他们的工作动力源自他们的崇高使命。我们投入一份工作中的精力取决于这份工作的目标。如果我们知道自己在建造一座教堂,那么我们每天开凿石块时会更卖力。

不是每一个目标都能鼓舞人心。不过，你的远期目标与目前的工作关系越大，你的工作效果就越好。这个目标可能是个人目标，如赚钱为家人购买新居，或攒钱去阿拉斯加徒步旅行。如果你的目标与工作本身有关，当然是最好的。如改进生产线、降低成本，以使更多的人买得起你们公司生产的处方药。要想赚钱，你可以做许多工作。你目前从事的工作有什么优点？如果你觉得不需要说出像"我做这件事的目的是什么"或者"我看不出这份工作的实际意义"这种话，当然是最好的。远期目标越是不言自明，越有可能意义重大，能够影响和鼓舞那些正在工作的人们。

良好的远期目标应该着眼于未来，制订这种目标时不必被今日的新闻或眼下的困难左右，你也不会因为目前银行账户中资金有限或者因为上次董事会上某个人的发言而改变自己的计划。你选择目标时应该放眼未来，不受近期的琐事影响。

不过，你的远期目标不能与目前的工作没有任何关系。"远在天边"的目标不会让你产生方向感。不管你的目标如何远大，如何鼓舞人心，它都应该做到清晰可及，能够指导你明天的工作。

路标式的中期目标。 马萨诸塞州马撒葡萄园岛举行过一次有名的小型帆船比赛。那天海面上大雾弥漫，波涛汹涌。人们只能看到邻近的船只，别的什么也看不见。由于没有判断方向的路标，有一艘船上的船员悄悄地把锚降到海底，以感知他们的移动方向。结果他们发现船只正在往回漂，因此他们把锚固定在海底，直到海浪方向改变才重新起锚。由于其他帆船被海浪推到了后面，因此这艘帆船"移动"到了最前面，最终赢得了比赛。

你的目标应该能够衡量你的工作效果。你并不希望等到几年之后才知道自己是否能完成远期目标。如果你直到最后才能衡量成果，难免为时已晚，到时候想做什么都来不及了。你肯定希望前进道路上有一些衡量进展情况的路标。完美的愿景中应该包含一项中期目标，这个目标应贴近实际，便于测量，而且可以在追逐某个远期目标的过程中完成。具有时间限制的清晰的中期目标可以衡量你的表现，而且当你发现目标存在问题时，你仍然有纠正的时间。

当你以一个远期目标为方向努力工作时，可能你永远也无法实现这个目标，甚至你可能决定突然转向另一个目标。为了避免浪费时间，不管你是否能完成最终目标，中期目标本身都应该具有价值。根据这一标准，把一座桥从河岸搭建到河流中间并不算是中期目标，搭建横跨两岸、仅有一半宽度的桥梁才算是中期目标。

柯达公司建造哈勃望远镜的部门曾接到一个消息，如果国会削减卫星开发资金，美国国家航空航天局可能会终止这个项目。为避免白白浪费精力，他们特意辟出一个工程师团队，负责保证他们为卫星开发的技术也能用于其他商业用途。当他们遇到可以在许多方法中做出选择的工程问题，他们会优先选择在其他商业场景中最有可能派上用场的方法。

一些短期目标。 鼓舞人心的远期目标可以为我们的工作提供方向和理由。中期目标可以为我们提供前进道路上的一些可以测量的、有价值的路标。此外，我们还需要知道近期应该开展哪些工作，以便让大家投身到这个项目中。

即使你制订出了远期目标和中期目标，如果你无法回答"下一步做什么？""我们这个星期应该取得什么结果？"这些问题，那么你也很可能无法实现这些目标。你应该通过短期目标拉近你与中期目标乃至远期目标的距离。

每一个政界人士都知道，仅仅用更加美好的城市、廉洁的政府或新的民主精神这样的远期目标鼓励支持者是不够的，他们还需要用近期行动笼络支持者。待命的工人需要有能够为之努力的短期目标。为了让选举活动顺利推进，候选人会向选民承诺一些他们眼下可以实现的目标，如按门铃、装信封、贴邮票、分发海报、回复邮件或接电话等。一旦你开始采取行动，你就可能变得非常投入。很少有人愿意认为自己是多余的、自己所做的工作是白费力气。人们往往认为自己目前所做的工作是很重要的。投入工作中——尤其是对崇高远大的目标有意义的工作——更有可能让你摆脱疑惑和矛盾心理，坚持工作下去。（我们常常坚信目前所做的事情是正确的，因此我们需要定期检查目标，看看它们是否合理。）

根据你想取得的结果制订目标

听上去有价值的目标可能无法提供方向感。医生的一个基本目标就是"不伤害病人"。这对医生的行为是一种正确的限制和提醒，不过它没有提供任何行动指导。对于医生来说，打高尔夫、在花园里除草、看电视、看小说都是不伤害病人的行为。

如果你想做点实事，而不是仅仅希望自己有事可做，那么你的目标最好能体现出你想要完成的工作。最好的目标并不是未来的某些时期你将努力、高效、快乐地工作，而是你在未来的某个时间点取得某种可以衡量的成果。你可能想建造一座教堂或谷仓。你可能想清理240亩（1亩等于666.67平方米）土地，或者付清抵押贷款。你可能希望公司拥有100名或者500名全职员工。不管你的目标是什么，你应该能够在目标完成时意识到这一点。

简单来说，良好的目标应该是名词，而不是形容词。如果你的目标是取得"完美"或"一流"的结果，那么这种目标不会给你任何指导。比如说，一家以社会机构为客户、以绿化和移除树木为业务的小公司可能会把"与客户建立良好的关系"作为公司的目标。如果你是公司里的一名员工，负责与客户打交道，那么你还是不知道应该如何做。为了与客户建立"良好的关系",你应该向客户提供折扣吗?当台风把树木刮倒时,你是先为老客户服务,还是凭着与老客户的友好关系先为新客户服务?一个实实在在的公司目标可以给你提供更好的行动指引:"从现在开始,一年之内,我们要让公司最大的三个客户把新的业务以我们希望的标准价格承包给我们,而不是承包给其他竞标者。"有了这样一个具体目标,你就可以思考自己需要做什么了。

你的目标可能是一个实实在在的产品,也可能是某种形式的报告。在许多情形中,尤其是对高层管理人员来说,改变某些人员的行为也是一种目标。一家大型化学公司的董事长发起了一个大型计划,目标是让管理人员把技术工作交给手下的员工处理。这位董事长的远期目标是提高生产绩效,中期目标则是对管理人员的管理方式做出实质性改变。为了让中期目标切实有效,他应该对管理风格的变化做出衡量。有许多可供选择的评判标准。这位董事长可以要求管理人员提交接受过培训、有能力处理未来各领域技术问题的人员名单。他也可以要求这些高管将自己看到的变化证据汇报上来。

具体步骤:建立一组目标

有一个很有名的故事。有一个路人看到一个人在路灯下走来走去。路人上前询问他是否需要帮助，结果那个人说他正在寻找丢失的汽车钥匙。两人找了一会儿，路人问那个人是否记得钥匙掉到哪里了，那个人回答说："我是在这条街上大约半个街区的范围内丢的钥匙，但是只有路灯下面能看清，所以我一直在这里找。"这个故事告诉我们，工作时不能仅仅挑选容易的事情去做。

要想让你的努力发挥作用，你所追求的不同目标应该是层层递进的关系，而不应该相互矛盾。你在各个阶段付出的努力应该积累起来，它们应该具有相同的方向，现在如此，未来也应如此。这意味着你的远期目标、中期目标和短期目标应保持一致，它们应共同指明你的前进方向。你的远期目标决定了你的前进方向，也决定了你的中期目标和短期目标。不要选择与远期目标不一致的短期目标，不管这些短期目标有多简单。当你知道优质的目标应该具有的特征时（优质的目标应该是基于三个或更多时间段的一组实实在在的目标），你就可以开始考虑如何选择目标了。

选择最能激发自信的目标

有时你会被一个远期目标所鼓舞："十年以后，我想让我们公司的分支机构遍布全球。"或者，你可能对每天的工作任务很满意，相信你会取得良好的结果："我为我们的公司而自豪。我热爱我的工作。"当你制订目标时，你应该选择一些有意义的目标，而且让其他人也接受这些目标。

修改短期目标和远期目标，使之相互协调

不管你最开始选择的目标是什么，你都应该不断修改短期目标和远期目标，直到你对不同时间段应该取得的成绩感到满意。

想一想"出于什么目的？"。有时你不太清楚自己的远期目标，但是知道自己明天想取得什么结果。如果你对接下来想要做的事情感到犹豫，应该问一问自己："为什么？这么做是为了完成什么？"

如果你对这个问题有了一个答案，你可以再问一次同样的问题。你可以将这个问题重复许多次，直到无法回答为止。在探寻动机的过程中，你不需要寻找唯一的"正确答案"。你最好能想出许多可行的目标，然后从中选择。

例如，如果你整体上对每天的法律工作比较满意，但也不是事事顺心，你可能应该扪心自问："我做律师的目的是什么？"你能不能离开这个行业做点别的事情呢？如果你的理由是被动的，例如你不知道不做律师以后如何还房贷，那么你应该考虑一些从事法律工作的积极理由。经过思考，你可能发现自己喜欢代理某些类型的客户，不喜欢代理另一些类型的客户。也许你喜欢代表弱势群体处理环境方面的诉讼；也许你喜欢帮助高科技创业公司，因为这些公司可以促进经济增长。不管你喜欢哪种客户，你都可以试着建立这样一个中期目标：寻找一些伙伴，组建一家自己的

公司，更加专注于为某些类型的客户服务。

接着，你需要再次提出同样的问题："为什么？"你为这些人提供法律服务的目的是什么？是为了赚钱吗？是为了赚到足够多的钱来"做好事"吗？是为了让世界变得更加美好吗？变得对谁更加美好呢？如果你能制订出一个比较远大的目标，你可能会变得更加快乐、更有效率。

督促你和你的同事建立清晰的远期目标可以帮助你们获得一些深层次的总体行动指引。经过思考，你们可能会改变之前的中期目标，修改下一步的行动计划，使它们与远期目标保持一致。

想一想"通过什么途径实现目标？"。当我们制订完远期目标，开始制订中期目标和短期目标时，我们会问自己："如何才能实现远期目标？通过什么途径实现？"假设一些有志之士以建立全球联邦政府为目标，他们应该想一想如何才能做到这一点。哪些中期目标与这个远期目标相一致？要想知道明天应该做什么，他们需要在遥远的未来与今日的现实之间架设一些桥梁。这种中期目标可以是以实现终极目标为己任的世界联邦党，还可以是宣传终极目标以赢得支持的书籍或课程。

个人目标

前面提到的那位缺乏积极目标的律师不必安于现状。他可以为自己制订一个目标，而不是期待他人为自己提供目标。他可以制订这样的个人目标：

远期目标

五年之内，我会开一家私人律师事务所，专注于我最喜欢的案件：

软件知识产权案件。

中期目标

两年之内，我会与这个领域的三个客户合作，并且凭借自己的力量给公司带来两个客户。在业内我将以擅长知识产权领域的案件闻名，我将发表一篇关于软件版权案件的文章。

短期目标

到这个月的月末，凭借我在目前案件上的优异表现，管理合伙人将同意让我负责法庭口头辩论。我会在业余时间研究斯坦带来的新案件，并向他提出一些良好的建议，让他把新案件交给我来处理。我会加入版权商标律师委员会。

🔽 明确团队使用这项技能的图景：根据希望实现的结果，制订出一组目标

即使在你独立工作时，建立目标这种个人技能也是很宝贵

的。此外，你还可以以这项技能为基础实现更大胆的目标——促使一个团队实现良好的合作。

问题：与他人共同工作时，混乱的目标会阻碍前进

假如你有一个清晰的目标，你会取得更大的成绩。同样的道理，假如你的团队拥有清晰的共同目标，你的工作会更顺利。随着团队人数的增加，拥有一个清晰明确的目标也变得更加重要。如果你独自工作时没有目标，你也可能会做出一些成绩。但如果你和其他人共同工作时缺乏明确而一致的目标，你们可能一事无成。一个团队如果不知道自己想要做什么，这个团队必将陷入混乱中。

律师事务所的年轻合伙人发现自己的工作热情正在衰退，因为他缺乏对个人目标的清晰理解。这还不是最坏的结果。第二年，他发现事务所已徘徊在崩溃边缘。

三个管理合伙人为事务所带来了大部分业务，在公司决策上最有影响力。安迪将知名金融家作为目标客户，希望保留一批最聪明的年轻律师，以便随时承接这类诉讼案件，登上《华尔街日报》头版。斯坦根据国家战略，将拒绝向企业客户赔偿环境清理成本的保险公司作为主要诉讼目标。他承接了一些市民要求环境赔偿的案件，报酬都很低，为的是在一些州法院建立良好的名

声。这些案件涉及的问题长达数年，而且相关的环境损害线索、头绪极多，因此需要大量人力研究所有证据文件。弗雷德希望所有律师为正常客户服务以提高每位合伙人的收益，这是行业内衡量一家事务所是否成功的通用标准。三位管理合伙人在事务所的会议上就这些问题争执了好几年。最后其中一个人离开了事务所，带走了许多客户资源。此时那位年轻的合伙人早已不再关心这些事情，因为他已经辞职了。

令人担忧的是，这类情况极其常见。在很多情况下，团队中的一些成员感受不到团队目标给他们带来的激励作用，对工作漠不关心。其他人则努力带领团队朝着不同的方向前进，他们并没有对公司应取得的目标进行正式的讨论。团队的愿景并没有让人们获得工作上的指引。这些问题是如何产生的呢？

有些原因与你独自工作时遇到的原因相同。人们喜欢回顾过去，很少会放眼未来。有时我们的目标很模糊，比如"完美"，这种目标并不会给我们带来行动上的指引。

有的人不知道团队的目标

每当新人加入团队，我们通常会花很多时间告诉他们应该做什么，但是很少会告诉他们为什么要这样做。短期来看，这可能会为我们节省一些时间，不过当这些新人遇到新问题，他们还是会回来向我们求助。

工作目标相互矛盾

人们共同工作时，对于想要取得的结果常常具有不同的理解。你的邻居提议在你们的院子后面共同修建一面围墙，把院子与相邻的田地分开。你接受了这个建议，因为你想把兔子挡在花园外面。结果你发现邻居修建了一面2.5米高的木制围墙，以阻挡附近公路的噪声和视线，但是兔子可以毫不费力地从这面围墙下钻过去。

如果你们一开始就明白对方的想法，那么完全可以同时实现两个人的目标。不过，在一起工作的人越多，人们的目标发生冲突的可能性就越大。

你很难让每个人都充分投入工作中

在团队中工作的人比独自工作的人更容易犯懒。有其他人在场时，你的精力更容易分散——你可能与他们保持良好的关系，也可能彼此钩心斗角。此外，工作的紧张氛围也渐趋松弛，如果你不解决一个问题，肯定会有其他人来解决的，你大可休息一下。身处一个群体之中，我们的责任感会下降。社会心理学家发现，拔河比赛中一支队伍拉扯绳子产生的力量远远小于每个人单独拉扯绳子产生的力量之和。

理想状态：共同制订出一组能够指引和激励团队的目标

你已经掌握了独自工作时制订目标的技能。如果一个团队的所有成员共同使用这种技能，他们就可以更好地工作。不同的人可以追求不同的短期目标，就像一家大型餐厅的厨师烹制不同的菜肴一样。长期来看，所有人又都在为同一个远期目标而努力。如果所有人都能理解所在团队的目标，那么他们就能更好地完成任务。如果你知道你的工作对团队的贡献，而且你明白你的同事也理解你的工作，那么即使是卑微而无聊的工作也会变得非常有价值。肯尼迪总统曾在卡纳维拉尔角[1]询问一位打扫地面的老人："你在这里做什么？"老人回答说："我们正在努力把一个人送到月球上。"

为了制订目标，使之成为更加有效的行动指引，我们可以集思广益，集中讨论，制订不同的方案并进行修改。约翰·哈维·琼斯是英国帝国化学工业集团这家国际超级化学公司的前董事长，他在《梦想成真》这本书中描述了他和董事会成员如何使用这种方法确定公司方向。他们会进行非正式会谈，"为制作活动挂图付出极大的精力"。三天的工作结果"常常只是一张挂图上的十个目标，而且我们会认为这是个不错的结果"。在他看来，

---

[1] 美国肯尼迪航天中心在其附近。——编者注

他们通过这种方式获得了"一个共同观点和对这个观点的认同,这与我们通过其他方式得到的结果通常是不一样的"。共同制订目标的方式可以极大降低我们的工作目标相互抵触的风险。

所有人参与到目标的制订中

当一个团队的成员参与到团队目标的制订中时,他们对目标的理解是最清晰的。你可能会想:"这件事简直不可思议。一家大公司不可能邀请每一位员工开会制订目标。如何保证员工选择的目标与董事会和股东希望实现的目标保持一致呢?"你说得没错,这件事很难,不过并非没有可能。良好的目标是很难制订的。共同工作的人数越多,我们就越不容易让每个人参与到共同奋斗目标的制订。此外,处于一个组织顶层的某些成员对该组织制订的目标负有特殊的责任。

实践证明,一个组织中的每个成员都应参与到他所负责的目标的制订中。当高管制订出远期目标或中期目标后,各个层级的员工可以对他们的工作进行规划,以便更好地实现组织的远期目标。

针对不同的时间段、在一个大型任务的不同工作层级制订目标这种方式最有价值的地方在于更多人可以参与到相对有效的目标制订过程中。董事会可以制订远期目标,中层管理人员可以制订中期目标,普通员工可以制订一些短期目标,以实现中期目标和远期目标。

管理者的一个任务就是检查每个小型团队或每个员工制订的短期目标是否与远期目标相一致，是否与员工的工作能力相适应。需要有人站在组织的立场上提出"出于什么目的"和"通过什么方式"这种问题。通过检查每个员工制订的目标，管理者还可以保证这些员工理解他们正在为之努力的远期目标。

所有人都知道同事的短期目标

共同制订目标的另一个好处在于每个人不仅知道自己下一步要采取的行动，而且知道同事接下来的目标。如果你知道同事的目标，你就可以提供相关的信息和资源，帮助同事实现他的目标，并预先避免一些可能与同事产生的冲突。

由于亲身参与了目标的制订，大部分人变得更加努力

如何让员工将集体的目标当作自己的目标是所有组织都要面对的一个问题。我们怎样才能让员工——不论是一线工人还是管理人员——真正做到为团队的目标而努力奋斗？

要想让一个人将团队的目标当成他自己的目标，最简单的方法就是让他参与到团队目标的制订中。如果你为了实现一个远期目标制订出了计划，你多半会认为这个计划很重要。倘若一个人参与到某个绩效目标的制订中，他会认为这个目标很合理——如果他是制订目标的一员，那么他很难以公司对他的期望过高为由逃避责任。

"如何才能达到这种理想状态？"为解释这个过程，让我们举一个小例子。假设有一家提供谈判建议的小型咨询机构。这家公司的创始人突然产生了一个想法，要求三个年轻的咨询师抽出一半的工作时间来帮忙。他召开了一次会议。

创始人：我想我们应该为校园暴力问题做点事情。我们无法拜访每一所学校，不过我们可以制作一个孩子们爱看的精彩视频节目，把道理讲给他们。很多学校虽然请不起我们，但是它们可以花几百美元买一套我们制作的视频。我们可以一边做好事一边赚钱。有一些娱乐公司因为在电视上展示色情暴力内容而受到批评，它们可能会通过支持这个项目以提升自身形象。为此我们需要做些什么呢？我们如何才能做到这一点呢？

咨询师1：我建议我们先做一辑视频。我们可以拿着这辑视频去拜访客户，如果有人买，我们就有资金去做后面的视频了。

咨询师2：如果他们不喜欢第一辑呢？我们会为此白白浪费大量时间。

咨询师1：我们会把我们一直在普及的理念放到视频里，我们还可以在其他课程里使用这个视频，我们可以在目前标准课程要点的基础上构建一些案例，放到视频里面。

咨询师3：在此之前，我们需要找到一个愿意提供制作费用的合作伙伴。谁有认识的人能与制作公司联系上？

咨询师2：我可以问问我们的董事会成员，他们人脉很广。我们需要做点东西出来，把我们的计划展示给他们。

咨询师1：我们可以拍一个低成本视频。

咨询师3：就凭我们的表演水平吗？真正的电影人难道不是给制作人看剧本吗？

创始人：好主意。你愿不愿意试着写一个剧本？

咨询师3：嗯，好的……

经过一段时间的讨论，他们采纳了下面的目标：

远期目标

五年之内，我们将成立一个制作教育视频的部门，这些视频可以教导中学生如何通过谈判而不是暴力来获得他们想要的结果。全国许多学校都将使用我们的视频节目。看过这些视频的少年因暴力犯罪行为被捕的比例会下降。视频的内容由我们部门提供，我们将与专门负责制作发行的娱乐媒体结成战略伙伴关系。这个项目的收益足以维持项目自身的正常运转，并能为其进一步发展提供资金。

中期目标

两年之内，我们将制作一辑 10 分钟到 15 分钟的视频，通过几个简短的案例教导大家如何使用非暴力途径解决问题。即使不制作后续视频，这一辑视频也是有价值的。我们可以把这辑视频放到其他几个现有课程中。此外，通过制作这辑视频，我们还可以为制作其他视频节目积累经验。

短期目标

三个月内，我们将：

→ 与至少两家媒体公司（如迪士尼、派拉蒙、时代华纳、尼克罗顿）有影响力的负责人见面，让他们对这个计划产生兴趣（由创始人完成）。

→ 拟订一份计划草案，其中包括整套视频节目梗概（咨询师 1）。

→ 拟订第一辑剧本草稿（咨询师 2 和咨询师 3）。

如果你觉得共同制订目标的做法对你很有吸引力，下一个问题就是，如何才能做到这一点呢？

🔽 如何带人：
改善团队制订目标的方式

知道了一个团队共同制订目标的方式以后，你就可以关注如何将其变成现实了。你可以获得同事、下属甚至老板的支持。根据情况，你可以选择看上去最有效的策略。这个过程不会很轻松，有时你可能会弄巧成拙。

之前提到的年轻合伙人律师所在的公司缺乏明确的目标。这位律师想要改变这一状况，可惜他所选择的策略并没有起到应有的效果。

这位年轻的律师认为目前的现状是管理合伙人之间的分歧造成的。在一次为解决公司收入大幅下滑而召开的合伙人会议上，他大胆地向管理合伙人提出了意见："你们抱怨我们没有赚到足够多的钱，希望年轻的律师在工作上投入更多的时间。可是安迪一直让我们去做公益案件，这些案件不会给我们带来任何收益；斯坦则让许多律师去做背景研究，以便在他发现新客户时派上用场。不要因为公司收益低而责怪我们。如果你们真的想让公司赚到更多的钱，你们就应该放弃上面这些主张。"这位年轻的合伙人因为说出了事实真相而得到了很多同级别律师的称赞。不过，几个高级合伙人并没有改变他们的人员安排，只是把一些无聊的任务分配给了站出来说话的年轻合伙人。

这位年轻的律师想:"我批评了他们目前的行为,却没有给他们提供任何积极的意见,所以不怪他们仍然固执己见。"他的第二个行动是提出自己的解决方案。在接下来的合伙人会议上,他带来了自己为公司制订的愿景。他让众人传阅了这份愿景,然后提议对这份愿景进行投票表决。资历最深的合伙人压根儿没看这份愿景,他说:"我们是拉你来入伙的,你以为你是老板吗?我创建这家事务所时你在哪儿?"结果,年轻律师的投票以惨败收场。

如果你遇到这种情况,你能做什么呢?你还可以使用哪些方法呢?请你停下来思考一下这个问题,然后再来阅读我们的建议。我们不能保证我们的建议比你的方法好,不过这些方法应该能够给你提供更多的参考。

弄清每一个任务的目的

为了让你的团队更好地工作,你能做什么呢?你可以从小处着手。即使是不重要的任务也应该有明确的目标。每当你接到上级的指示或同事的请求,你都应该弄清它的目的。你应该请他们提供"数据"。你可能要拿一份报纸,因为这是老板的吩咐。为了更好地完成这个任务,你需要知道它的目的。如果你直接问老板"为什么",老板可能会回答说:"因为我让你拿!"你应该让她理解你的意图。比如你可以说:"是的,夫人。为了尽快拿到您所需要的报纸,请告诉我您想用报纸干什么?"对于所有工作来说,原因和目的都很重要。类似地，你请别人帮忙时，你也应该提供"数据"。当你发出一个命令或请求，你应该花点时间解释一下你的目的。

如果你已经掌握了这个方法，你就可以研究下面的问题了。为了让大家对团队的目标获得充分地理解，你还需要学习一些更加重要、更加难以掌握的方法。

努力改善团队的目标

此时你通常需要面对两个问题，一是团队的目标可能缺乏实质内容，二是这个目标的制订过程可能无法让普通成员对目标产生认同感。我们会依次介绍如何解决这两个问题。

寻求"数据"：找出当前愿景背后的理念。如果你们公司的愿景平淡无奇，无法让员工产生斗志，或者表述含糊，无法转化成具体行动，那么你首先应该发掘目标背后的理念。不要觉得你应该掌握了所有相关信息。问题可能在于没有人认真考虑过如何才能让愿景发挥应有的作用，也许你们只需要把团队领导者的思想解释清楚就行了。也许公司的目标还有一个更加详细的版本，只是没有人告诉你。也许有一些因素阻止你们制订有效的目标，只是你还没有意识到这些因素。首先，你需要获得关于这个问题更加全面的信息。这些信息不只你一个人可以使用。当你请其他人帮助你寻找更多信息时,他们也可以加入你的行列。

回到前面的例子。年轻的合伙人可以依次与三个资深合伙人会面,提出一些问题:

→ "我们的愿景从何而来?是谁写的?"
→ "这份愿景的含义是什么?"
→ "您如何看待这份愿景?"
→ "您觉得这份愿景哪些地方吸引您?"
→ "这份愿景是何时制订的?之后您的思想是否发生了改变?"

你提出的这些问题可能会产生两种结果。你可能会获得鼓舞人心的满意回答,从而得到行动指引。在这种情况下,你只需要把这些信息传达给公司里像你一样的人。还有一种可能,就是公司管理层缺乏一个严肃认真、能够鼓舞人心的目标。这并不意味着你不需要提出问题了。相反,你应该继续提问,引导你的老板进行思考,并让你的老板在回答之前有充足的时间进行思考。

在这种情况下,地位较低的人更容易对他人产生影响。没有人会因为你想深入了解团队目标而责怪你。你的提问可以促使管理层思考一些问题,这些问题正是你想在制订目标的会议上提出的议题。你应该像没有经验的人虚心向他人请教那样提问,不应该故意为难制订目标的人。首先，你需要和一个影响力足够大的资深管理者约定一个合适的交谈时间。让我们接着看律师事务所的例子。年轻的合伙人可以这样说：

"您好，先生。我在想是否可以和您约个时间谈一谈我们公司的目标。我对公司的目标有一些疑问，不知道如何才能把我的工作与公司的目标联系起来。我觉得这次谈话大概需要半个小时到一个小时的时间。

"我觉得我对公司的目标不太理解，对商务人士使用的一些行话琢磨不透。如果我们的目标是'在法律实践中做到出类拔萃'，那么我们五年之内应该达到什么水平呢？我们是应该拥有更多客户、同时增加几十名律师呢，还是应该提高案件的胜诉率？"

一旦你帮助老板制订出了一个实实在在的目标，你就可以协助他继续制订出与之相符的短期目标和中期目标。"好的，为了在五年内实现这个目标，我们应该在今年年底之前完成哪些任务？""我们这么做又是为了什么呢？这个结果能帮助我们取得哪些更长远的目标呢？""我正在考虑最近有可能实现的短期目标。要不我们这样……"

你们很可能会得到一组涉及多个时间段的目标草案。这份草案不会很完美。实际上，你并不希望这份草案完美无缺。此时这份目标还只是你和老板的目标，如果你想让它变成整个团队的目标，你就必须给它留出改善的空间。你可以这样说："我把这些目标打印出来给大家看一看怎么样？这样也许可以帮助其他像我一样的年轻人，他们也需要拥有切实可行的简单目标。其他资深合伙人也许还能再补充几个目标。"你的草案可能会在整个公司引发一场讨论，而你只是提了一些问题并把结果写下来而已，并没有做出冒犯别人的行为。

在引导上级思考这些问题时，你应该向他传达这样的信息："我知道您对公司的了解比我多，因此我想向您学习。"如果你成功传达了这个信息，那么你的领导很可能不会拒绝你。

提供"数据"和"分析"：把你自己的想法说出来。你的上述行动可能进行得不是很顺利。也许领导不会抽时间与你见面，或者觉得你提出的问题并不重要。也许他们不理解你所说的问题："我们已经按照公司顾问的建议撰写了愿景，现在就挂在墙上。难道还有什么问题吗？"

不要轻易放弃。如果你觉得公司的愿景无法让人产生斗志或者无法帮助人们制订决策，那么其他人可能也会拥有同样的想法。这一点对公司的管理层非常重要。在大部分公司里，上层领导并不知道他们制订的愿景存在问题。如果你告诉他们愿景存在不足，他们可能觉得你在责怪他们。由于他们权力很大，大部分员工并不想冒犯他们。此外，人们通常认为忠诚而勤奋的人应该努力为团队的目标奋斗，承认自己对公司的愿景没有感觉是需要勇气的。

你可以找到一个资深合伙人，然后这么跟他说：

"我下面说的话可能听起来不太顺耳，不过我并不想抱怨什么。不管怎么样，我还是要把话说出来。我不知道如何理解大厅里张贴的公司愿景。当我思考怎样才能为公司做贡献时，我就会看一看这份愿景。我想我不太清楚'在法律实践中做到出类拔萃'是什么意思。我不知道怎样才能变得出类拔萃。至少对我来说，这份愿景非常抽象。我并不理解这份愿景的含义，因此每当我通宵加班时想到'我为什么要这么做'这个问题，我无法从这份愿景中得到答案。

"我想其他人可能也有同样的想法。如果我们能有一个清晰的工作目标，我们可能会取得更多成绩，把工作做得更好。"

你应该谈论愿景对你的影响，而不是判断愿景是好是坏。你应该指出你们的目标无法激发你的工作热情，即提出"数据"，并和你的领导一起"分析"原因。这种分析可以解释为何你对目前的愿景没有感觉，又不会让这件事对你个人产生不利影响，它可以让人们关注如何改进愿景，而不是关注你的"糟糕态度"。对于一个为激励年轻律师努力工作而伤脑筋的资深合伙人来说，这种分析可能正是他所需要的。

提供方向：把笼统的目标变成实实在在的目标。如果你发现提问不起作用，或者你觉得即使你直接提出建议，你的老板和同事也不会反感，那么你就可以指出明确的方向——不是提出具体的目标，而是提出新的目标应该具有的形式。在律师事务所的例子中，公司面临的最大问题不是缺乏目标，而是目标之间存在严重的冲突。你并不想让大家卷入关于目标内容的争执中。

你可以去见三位资深合伙人中的一位。

你：我觉得律师的时间分配问题不仅仅是具体方法层面上的分歧。看起来大家对公司的基本方向存在不同的意见。我说得没错吧？

合伙人：是的。不过眼下的问题是让他们给我们提供更多人手。

你：也许我们需要首先制订一个计划，明确公司五年之内的发展目标，而不是研究下一个闲下来的律师给你还是给安迪。接着，我们可以制订这个月的计划。

合伙人：你现在有什么计划？

你：嗯，我现在还不确定。我想关于这一点，你、斯坦和安迪比我知道的多。如果你们需要，我可以写一份草稿作为目标的雏形，不过我并不知道到最后的目标会变成什么样子。

合伙人：这并不能解决提高收入的问题。

你：暂时还不能解决。不过长期来看，如果人们知道自己应该为之努力的目标，他们可能会更加努力。

合伙人：也许吧。

你：我们如何才能做到这一点呢？如果我们告诉斯坦和安迪，我们想要考虑一下公司的远期目标，他们可能认为这么做是为了让他们同意你的计划。

合伙人：嗯。我们可以先……

在实践中，我首先提出了"数据"（我所观察到的员工时间分配方面的问题）和"分析"（关于公司目标的不同意见），然后以此为基础提出了"方向"。

提供"下一步"行动：为举行会谈提出具体的建议。良好的目标不会自动出现。需要有人组织大家开个会，把目标制订出来。为此，你可以想出一个具体的行动计划。三位管理合伙人中可能有人对你大胆提出计划的行动感到不满。为降低这种风险，你可以为他们准备一份草稿，并与另一位大家尊重的合伙人进行讨论，以获得他的建议。如果他同意，你可以准备两份草稿，一份直接以你的名义写，另一份模仿他的口气、以他的名义写。这份草稿可以这样写：

"有一位年轻的合伙人认为我们目前的一些问题源自我们公司缺乏清晰的远期目标。你们三位一直忙于目前的案件，我相信你们几乎没有时间开会制订清晰的远期目标。

"我愿意自告奋勇，承担起这份责任。我们四个人可以碰一下吗？我可以组织大家讨论一下希望公司五年之内取得什么成绩。到时公司会变成什么样？两年半之后呢？你们想让公司今年取得什么成绩呢？鼓励我们所有人努力为之奋斗的短期目标又是什么呢？我可以根据你们的意见撰写一份草稿，供你们参考。

"我问过你们的秘书，你们三个人下周四下午似乎都有空。如果你们认为这样的讨论有价值，我就去预订39层的会议室。

"我知道一次讨论无法为公司的发展制订出明确而一致的目标。不过，对公司未来的发展方向进行一次私人交谈也许可以帮助你们明确自己的目标，更好地解决目前的问题。

"如果你们想单独见面，也请告诉我。我只是想提供建议和帮助而已。"

三位资深合伙人不一定能对未来的目标达成一致。不过如果他们把问题挑明，而不是回避问题，那么他们相互和解的可能性要高得多。事实上，讨论的结果可能是一部分人离开公司，追求他们感兴趣的目标。这是一种明智的决定，因为这样总比他们委屈地在公司待上好几年，然后在气愤和沮丧中离职要好。

采取行动：拟订一组目标作为示范。你也可以制订出一组更好的目标供大家修改。至少，你可以以这份草稿为例，告诉大家公司需要怎样的目标。不要请求人们接受这份草稿。相反，你应该让几个同事传阅这份草稿，并请他们修改。他们可能会完善你的草稿，或者提出一组迥然不同的目标。

事实上，即使你为团队制订出了完美的目标，你多半也应该提供一份粗糙的或不完整的草稿。你应该让其他人对团队的愿景进行完善并从中获得满足感。如果你能帮助团队制订出更好的目标同时又不招致人们的反感，那么你完全有理由感到满意。

改善目标制订过程，让每个人参与具体目标的制订

寻求"数据"：大家是否对工作目标抱有足够的热情？如果

领导认为大家目前的工作热情很高，那么你可能无法说服他们采纳某种让大家更加努力工作的做法。你可以引导你的老板关注这个问题，也许你会发现，实际情况跟你想象的不一样。

你：领导，你觉得大家的工作热情高吗？他们对公司目标的投入程度是否达到了你的预期？

提供你的"分析"：其他人制订的目标不会像我自己制订的目标那样能够激励我。 如果仅仅寻求"数据"，那么我们得到的分析结果很可能起不到帮助作用。大多数情况下，我们认为人们之所以不努力，是因为他们懒惰或开小差，却并没有想过也许是他们接受的任务有问题。

老板：大家的表现还不错，不过我觉得他们还可以做得更好。你怎么看？

你：我在想一个问题，就是人们到底是把我们为之奋斗的目标看成他们自己的目标呢，还是仅仅看成管理层的目标？

老板：这当然是一个问题，不过我们对此能做什么呢？如果公司的目标能和个人的目标联系起来，当然是最好的，不过我们不能为了迎合个人的需要而改变公司的目标。

你：我理解你的想法。我们不能选择对员工来说比较容易的目标。不过，如果他们能参与目标的制订，他们就会对这个目标拥有更强的自主意识。对我来说，如果一个目标是我参与制订的，那么它更能激励我。

老板：如果你参与制订目标，那么这个目标不就和我最开始设想的目标不一样了吗？

提供方向：让大家参与目标的制订。你的老板可能制订出了一个良好的计划，让所有人参与到目标的制订中。如果不是这样的话，你可以提前准备一些想法供他参考。

你：我们可以分阶段制订目标。你可以为我们规划出总体目标，然后让大家制订他们下一步的计划，以实现这个总体目标。

老板：如果他们为自己制订相对容易的目标怎么办呢？

你：你可以先让他们制订目标，然后由你批准。毕竟，你是我们的老板。你应该让他们制订出能够实现远期目标的短期目标。这样的计划应该没有问题吧？

上面介绍了帮助团队在多个时间段建立清晰目标的方法。这种方法并非纸上谈兵，它的确能解决一些问题，而且有助于团队解决其他问题。美好的愿景是一个团队前进的基石。

如果你能帮助团队建立更好的目标,那么你已经取得了很大的成就,值得庆祝。如果你的团队已经有了清晰而有用的目标,但团队合作仍然存在问题,不要担心,因为还有其他与工作相关的要素。下面我们就来讨论这些要素。

4 思考整理术：迅速找到解决问题的方法

有时你有清晰的目标，但是不知如何实现。可能你选择了一种方法，却无法实现你的目标。在这种情况下，你就需要在第二个工作要素"思考"上下功夫了。

即使在独自工作时，大多数人也不会有条理地思考，他们左思右想，却不得其法。在与他人共同工作时，这种思维混乱的现象就更严重了。缺乏条理的思考有时会影响重大的商业决策。不过，混乱的集体思维在日常事务上的表现也许是最明显的，因为此时我们不会为问题的严重程度分心。以人们筹划办公室的圣诞聚会为例。大家的讨论可能会漫无边际，不停地从一个主题跳到另一个主题：

"今年要不要邀请家属？"

"没结婚的人怎么办？"

"我记得去年詹金斯先生喝醉了。"

"我去年是饿着肚子走的。"

"人们应该认识办公室里所有的人，不过上了年纪的人却不是这样。"

"我们不应该把它称为圣诞聚会,因为我们还有犹太同事。"

"我还没听说哪个家伙有名无姓。"

"你应该说'哪个先生'吧?"

"是'哪位先生'吧?"

"我们什么时候聚会?"

每个人都知道这种讨论效率不高,不过大家仍然在继续着这样的讨论。在大多数情况下,他们只会浪费时间,做出糟糕的决策。

没有一本书可以解答我们每天在工作中遇到的所有问题。我们每天都要面对新问题,想出新的解决方案。当你和同事一起工作时,他们提供的信息和思想可以帮助你。如果你忽视他们的想法,打断他们的话,或者把时间花在不相关的话题上,那么你并不能从他们身上获得有益的东西。只有当人们有办法做到相互协调时,集体思维才能发挥出应有的力量。把你自己的思维厘清本身就不容易,组织众人有条理地思考就更难了。

在改善众人的思考方式之前,你需要训练自己的思维。这一章的第一部分建议你培养一种个人技能,即有条理地思考,始于事实而终于行动。第二部分介绍许多人共同使用这一技能时的情景。最后,我们会介绍如何通过横向领导方式带领同事实现这一目标的一些方法。

⬇ 培养一项个人技能：
有条理地思考

问题：当我们随意思考时，一个复杂的问题可能会变得完全无从下手。

如果你发现自己很难把工作做好，很可能是因为你的思维没有条理。你并不知道应该从何处开始考虑。你的思绪可能会兜圈子，反复考虑已经考虑过的问题；你还可能会忽略重要的问题。当你有了一个想法，你很难顺着这个想法继续思考。你可能在各种逻辑分析问题上打转，如计划、事实、策略、产生困难的原因等，而且你常常不知道自己想要通过思考获得什么结果，是理念、评估，还是决策？不仅仅是你，我们每个人都会出现这样的问题。为什么我们的思考如此缺乏方向？

在我们上学时，老师教给我们许多问题的解答方法，但是并不会教我们如何思考。我们大多数人并没有学过按照一定顺序提问的思维组织框架。所以，我们不得不在没有好问题的情况下努力寻找答案，就像没有锤子和锯子的木匠一样。

解决方案：运用"辅助工具"进行清晰的思考

为了让你的思维变得有条理，从而把工作做好，你需要有一组按照逻辑顺序排列的问题。在这个框架下，你还需要其他一些工具，以便更好地思考。

系统思维框架：饼图

在一个团队中工作时，我们会遇到许多实际问题。此时，你自然想要寻找迅速实用的解决方案。不管你面对的问题是收入下降还是老板的一个指令，你往往会从问题的表象直接跳到解决方法上。有的人拥有更加规范的思维框架，他们会进行抽象思考。他们用描述性理论分析这个世界，并制订一些规范，给未来提供总体指导。我们可以把我们的思维分成具象思维和抽象思维。另一种划分方式是把我们的思考分成对于过去的思考和对于未来的思考。有的人想理解和解释目前的现象，有的人则愿意思考我们心目中的理想以及下一步应该做的事情。

为了表示这些区别，我们可以取出一张纸，分成上下两部分，上半部分是关于原因和总体方法的概念性思考，下半部分是关于实际问题的思考。现在把这张图左右分开，左边是关于过去的思考，右边是关于未来的思考。由此得到的四象限饼图将思考划分成了四个基本类别：

→ 数据——实际情况或问题
→ 分析——导致目前情况的原因分析

→ 方向 —— 解决这些问题的一个或多个一般方法

→ 下一步 —— 实现某个方法的具体步骤或计划

饼图

一个系统性思考框架以及清晰思考的辅助工具

（从左下象限开始）

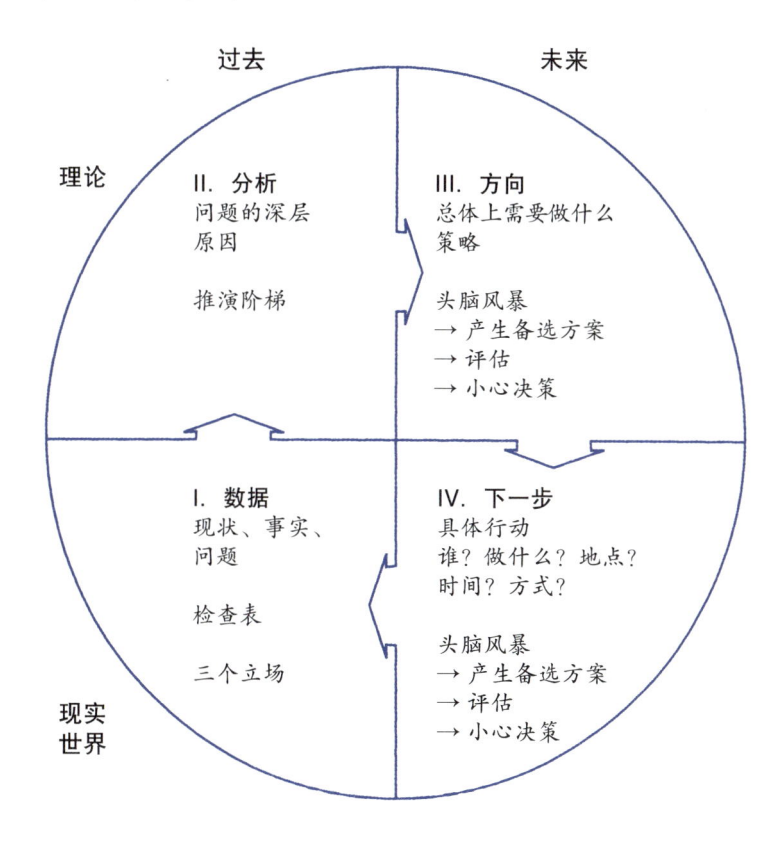

过去 | **未来**

理论

II. 分析
问题的深层原因

推演阶梯

III. 方向
总体上需要做什么
策略

头脑风暴
→ 产生备选方案
→ 评估
→ 小心决策

I. 数据
现状、事实、问题

检查表

三个立场

IV. 下一步
具体行动
谁？做什么？地点？
时间？方式？

头脑风暴
→ 产生备选方案
→ 评估
→ 小心决策

现实世界

如果你希望尽量多完成一些任务，那么这四种思考对你来说都很重要。不要把你的思维局限在过去或未来，应该把理论和实际联系起来，并通过实践来改善理论。

这种分类方法简单实用，很容易掌握。当你使用饼图时，你肯定会对思考一个问题时该从何处下手心知肚明——不管是具体工作上的难题还是让一个团队高效合作的问题。

饼图的整体结构很好，它将不同的考虑方向分门别类地列举出来。此外，还可以使用其他逻辑结构。饼图的优点在于非常通用，而且很简单，人人都可以使用。你可以用饼图组织你的思维，制订出扎扎实实的计划，解决一切工作上的问题。

在饼图的四个象限中，每一个象限都有难以掌握的地方。下面会提供一些有用的想法和工具，以帮助你完成各个象限的思考过程。每个想法或工具都会放在饼图的一个象限中介绍，因为我们更容易记住具有整体结构的一组事物。此外，这些辅助工具同样适用于其他思考过程。

数据：寻找制订决策所需要的信息

不管你想完成何种任务，都需要先把问题弄清楚。你的行动需要以事实为基础。哪些事实与你努力想要实现的目标有关系？眼下需要解决的问题是什么？

"解决问题"这种说法很有迷惑性，它意味着问题和解决方法是分开的，界限分明。不过，在商业和公共政策领域，大多数问题与解决方法并没有严格的区分。例如，我们的产品成本太高了；我们没有完成销售目标；办公室里的职员合作不佳；有些青少年酒后驾车；儿童营养不良；学生没有受到良好的教育。

在大部分情况下，你所面对的问题并不像拼图或填字游戏那么简单，所以你的目标不是寻找一个完美的解决方案，而是做出实实在在的成绩，沿着正确的方向前进，如降低单位成本、提高销售额、实现更高效的合作、减少酒驾、改善伙食、提升教育水平等。

"问题"这个词语给人的感觉像是机器出了故障——在问题出现之前一切正常。更好的说法应该是挑战或机遇。例如，你的工厂效率很高，不过你想让它变得更好。"问题"仅仅意味着目前的形势与你能想象到的更为理想的形势之间存在差距。

当你收集并研究"数据"时，你的角色类似于对感觉不适的病人进行检查的医生。你想对病人更加了解。病人有什么症状？哪里疼？病人之前有过这样的感觉吗？最近有过不正常的行为吗？当医生收集数据时，他会考虑病人和自己的观察是否存在偏差，并对相关的信息进行整理。

需要处理的信息太多了

我们每时每刻都在面对大量信息。早在电子通信技术还未出现时，"信息超载"这个词就已经存在了。一个无法回避的事实是，我们只能管中窥豹。一个美国人和妻子相约在墨尔本板球场见面，他们要看一场澳大利亚式橄榄球比赛。丈夫到了球场以后，发现妻子还没到，所以他就在容纳了3万名球迷的体育场里漫步。过了一会儿，他感觉自己在远处瞥到了妻子一眼，不过由于人实在太多，所以他的妻子眨眼之间又消失在了人群中。现在他需要做的并不是观察更多的人，而是如何披沙沥金，在人海中找出有用的信息。关于你的同事和你目前的工作，你不可能把所有的信息都完全掌握，关键的问题在于找出你想要的东西。

每个人都戴着"有色眼镜"，选择那些能够引起他们注意的信息。

如果不加注意，我们很容易戴上"无意识选择"的镜片。通常，这种默认的信息过滤方式会让我们漏掉有用的信息。它们就像魔术师的双手，把我们的注意力从真正需要做的事情上引开。

你是否偏爱生动的信息？我们每个人都会对精彩的故事给予过多的关注。具有感染力的信息往往会吸引眼球，枯燥的信息往往被人忽视。当你想要认真工作时，你可能发现自己对某个竞争对手破产的消息非常关心，超过了对另一个竞争对手已经上市的改良产品的关注。在工作上，却鲜有人会对重要信息进行包装，让它们变得更加引人注目。

你是否对数字过分重视？"不算数"这种说法隐含着这样的思想：如果一件事无法用数字衡量，那么它就是不重要的。我们很容易接受可以被量化为一个数字的信息："这个季度销售额增长了两个百分点。"实际情况并非如此简单："有好几个客户投诉我们接电话的速度太慢——具体有几个客户我已经记不清了。"

你是否认为你所知道的信息比你所不知道的信息更加重要？我们常常认为我们所掌握的信息足以指导我们做出决策。这里有两个问题。首先，我们认为我们不知道的事情是不值得去了解的。当我们停止对信息的搜寻，可能还有一些重要的事情我们没有发现。其次，我们觉得既然我们已经掌握了一些信息，就应该在决策时将它们考虑进去："如果这些信息是真实的，它们就和眼前的问题有关系。"

你是否局限于自己的立场？俄罗斯有一句谚语："每个人都站在自己村子里的钟楼上看世界。"我们都知道，我们评判自己往往比评判别人更加宽容。在成功面前，你觉得自己的贡献比别人大。在失败面前，你往往认为自己的责任比别人小。我们关注对自己有利、对他人不利的事情，因此忽略了大量与问题有关的信息。

你的观察要有目标

你可以对自己说："我要更加认真地观察。"不过这么做收效甚微。即使把所有的时间都用来观察，你也不能保证收集到的信息一定能派上用场。

你可以关注有用的信息。为此，你可以主动改变收集信息的方式。让我们回到澳大利亚式橄榄球比赛的例子上来。那个美国人感到很沮丧，因为他几乎无法在人群中找到妻子。这时他想起妻子穿着一件绿色的上衣，于是开始在人群中寻找穿着绿色上衣的人。虽然球迷人数众多，但符合条件的只有几十个。这样，通过关注特定信息，他很快找到了妻子。收集数据的一种方法就是选择独特视角，让重要信息显现出来。你可以只关注人群中穿着特定颜色服装的人，也可以用类似的方法关注其他一些问题。

选择视角是需要技巧的。如果妻子那天没有穿绿色上衣，把绿色作为寻找标准只会使情况变得更糟。我们所使用的视角应该能够帮助我们突破旧有知识和经验的局限，指引我们寻找重要的信息，不管这些信息是否枯燥，也不管这些信息能否量化。此外，不管我们所使用的视角能否放大有用的信息，至少它不能影响我们对相关信息的收集。

你需要什么信息 —— 检查清单的使用

你要关注的信息取决于你的任务。你可以准备一份检查清单，提醒自己哪些信息是有用的，哪些信息是你可能会遇到的，以及你从所有可能遇到的信息中收集特定信息所使用的标准。

我们无法为你提供与具体工作相关的检查清单，不过我们认为下面的检查清单可以帮助你检查你与同事之间的合作方式。

目标

我们是否制订了一组在不同的时间段应完成的目标？

思考

我们是否按照从症状到分析到计划的顺序有条理地思考？

我们是否有用于观察合作效果的辅助工具？

我们的理论是否与实际情况相符？

我们的思考方向是否相同？

学习

我们是否定期总结经验，吸取教训？

我们能否做到在准备、行动、总结之间迅速切换？

专注

每一项任务都有人负责吗？

每个团队成员的责任都具有足够的挑战性吗？

我们是否鼓励所有人提出自己的想法？

反馈

我们是否经常将自己的感激和支持表达出来？

> 我们会就具体工作问题相互指导吗？

不管你的检查清单如何完备，如何鼓舞人心，你所收集的数据都有可能存在问题，因为你只有一个人，视野有限，而且具有人类固有的偏见。

如何避免个人偏见？你可以使用"三个立场"

你可以回避甚至利用这种偏见。为校正人类固有的对自身有利的偏见，你可以站在三个不同的视角或立场上看待重大问题：你自己、对方，以及中立第三方。

第一立场："我"。你可以问一问你自己：我对局面的整体感受如何？在我看来情况如何？从我个人的角度看，我可以获得哪些信息？我认为什么是重要的？

除了观察外面的世界，你也应该对自身进行观察。你是否感到沮丧、愤怒、心烦意乱？你是否常常过度自信、自私，或者对关注自身感到愧疚？你是否存在一些根深蒂固的观念？你是否存在偏见？有哪些与职业有关的观点、经历或特殊兴趣可能导致你忽视一些问题，并对另一些问题给予过度的重视？你看待目前的局面时是否戴着"有色眼镜""望远镜"或"显微镜"？你应该意识到你的立场会对你的观察结果产生多大的影响。

不要放弃你的观点，也不要认为自己的观点是错误的。有的人陷入了另一个误区，他们只要看到其他人的观点可能具有一定的合理性，就会放弃自己的观点。你没有必要认为自己的感觉不如别人。不过，你必须意识到，你自己的观点是不完整的。你对自身的局限性认识越深，你的观察水平就越高。

第二立场："他们"。第二个任务是模仿同事的视角。你应该站在他们的立场上，想象他们看到的局面。如果有许多人和你共同工作，你可以找一两个关键人物，试着用他们每个人的视角观察你们的项目。

当你把自己想象成另一个人时，你所提出的问题与你站在第一立场上向自己提出的问题相同。如果你把自己想象成你的老板，那么他在担心什么呢？他所使用的标准方法是什么呢？他是否存在偏见？

站在第二立场上，你可以用一种积极的方式利用人类固有的偏见。你仍然偏向于对自己有利的一面，不过此时的"你"只是想象中的角色。你很可能会关注能让你的老板看上去更好的信息。你仍然会具有自我肯定倾向，但你此时寻找的数据支持的是老板的观点。站在这个角度上，你可以更清楚地看到他所重视的信息，这些信息你自己可能是看不见的。你不仅可以对你们所处的局面观察得更加透彻，而且可以更准确地推测他的想法。

"站在他们的角度考虑问题"这件事说起来容易做起来难。不过,有一些技巧非常有效,可以帮助我们更好地理解另一个人对事物的看法。

→ 角色颠倒

一种方法是向演员学习。你可以想象自己是另外一个人,并试着像他那样思考和说话。你可以找一个朋友或同事与你闲聊,闲聊时你扮演另一个人的角色。你甚至可以用这种方法把你与他人的谈话重新上演一次,由你扮演另一个人,你的朋友扮演你。

→ 推测对方目前可能做出的选择

这是理解对方思想的第二种方法,这种方法需要用到笔和纸。你需要站在对方的立场上,考虑他面对你的提议时如何制订决策,如"鲍勃建议给予本地管理者更多权限,我是否应该听从他的建议?"然后,分行列出同意或反对这个建议时他觉得可能会出现的结果。你可能会发现,他完全有理由反对你的建议。当你更加清晰地认识到他对你所提建议可能产生的顾虑时,你就可以对建议进行修改,以获得他的支持。

这些方法的确需要花费大量的时间和精力,这种努力并不总是值得的。你不可能对和你打交道的每个人进行详细的分析。不过，在许多情况下，这么做是完全值得的。你可能想从老板或下属的视角观察你们之间的关系。当你需要和另一个部门或另一个组织的人共同完成某项任务时，这些方法可能对改善你们的合作方式非常有用。花一点时间去理解对方的观点，最后你可能会节省许多时间。

第三立场："**看台之上**"。你可能还想了解团队中普通成员的想法。除了重要关系人，你还想理解旁观者对局面的看法。为此，你可以想象自己坐在戏院包厢里观看舞台演出。或者想象自己是一只"墙上的苍蝇"。你要努力保持客观性。当然，你无法做到绝对客观，不过你可以更加接近公正的视角。"回到戏院包厢"这一概念最初是哈佛大学富有创意的思想家、优秀教师罗纳德·海菲兹提出来的，是对后退一步以获得开阔视野的形象比喻，比尔·尤里在《谈判的技巧》中也用到了这一说法。

一个伟大的足球运动员在场上做的不仅仅是"踢足球"。他会想象自己站在看台上，俯视整个足球场。他会留心观察双方队员正在做什么，想要做什么。他的视野非常开阔。如果你两眼只盯着皮球，你可能会忽略一些事情。如果你想象自己站在看台上，你就会注意到更多情况。

这些方法并不能保证你能观察到所有相关的信息。不过，它们能帮助你更好地工作。仅仅收集信息是不够的，你还需要理解它们的含义，解读局势，以便制订下一步的行动计划。

分析：你应该静下心来寻找原因，而不是立即对眼前的问题做出反应

分析是解决问题的一个关键步骤

尽管对问题进行充分分析非常重要，但是我们在实际工作中可能会异常忙碌，往往会把这个步骤跳过去。面对实际问题时，我们往往会立即想出一个解决方案。如果大部分教师参加每周教务会议时都会迟到，校长可能会把会议的开始时间推迟10分钟。如果一家工厂生产出的汽车质量存在缺陷，经理可能会分配更多工人对产品进行检查。这些反应可能有效，也可能起不到作用，因为我们并不知道产生这些状况的原因是什么。教师为什么会迟到？汽车为什么会存在质量缺陷？如果我们不花时间研究导致这些现象的原因，我们可能无法制订出解决问题的最佳方案。

成功的分析发挥的作用不可小觑。1994年，数百万难民从卢旺达逃到刚果，随后他们开始大量死亡。好心的救济官员做出了极大的努力，将食品发放到了难民手中。几天以后，这些官员得知，导致卢旺达难民死亡的原因不是饥饿，而是霍乱。他们迅速把工作方向从运送食物转移到建立公厕和卫生供水系统上，从而挽救了无数生命。

准确的分析常常会导致人们采取违背直觉的行动。举一个例子：斯泰茜是一名工程师，她所在的国际建筑公司在许多国家设有办事处。斯泰茜需要花费大量的时间坐飞机到欧洲参加会议。这些会议进展缓慢，消耗了许多时间，因此斯泰茜感到非常沮丧。为了加快速度，她发言时语速很快，用词简洁，能不说的尽量不说。欧洲的同事们似乎对此感到不满。他们会在斯泰茜发言时皱眉，而且似乎对她说的每一个问题都存在疑问。一位美国同事告诉斯泰茜："这就是欧洲人的行事风格，他们永远也不着急。"实际上，斯泰茜面对的问题有可能是文化差异导致的；还有一种可能，就是法国和德国的同事之所以不着急，是因为大家在会议上讲的是英语，他们想确保自己理解其他人的意思。在这种情况下，如果斯泰茜发言时语速能慢下来，也许反而会加快会议进度。

你应该寻找能够促成改变的原因。当你分析某个局面时，一定要区分两种不同的"原因"：你无法改变的原因和你能够改变的原因。一位医生告诉一个病人，他的预期寿命比妻子短，这是由两个原因造成的：第一，他是男人，妻子是女人；第二，他吸烟，妻子则没有这个习惯。这个病人无法改变第一个原因，但是可以针对第二个原因采取行动——戒烟。所以，不要对你无法改变的事情叹息，应该关注你能改变的事情。当你分析时，你应该寻找那些能够让你有所行动的原因。

如何对分析进行检验？使用"推演阶梯"

分析应以实实在在的数据为基础。在实践中，我们常常会匆忙下结论。你的推断可能超越了你所拥有的信息，你的同事可能会根据相同的信息得出不同的结论。你需要严格检验你对现有信息做出的解释与这些信息之间的关系。

对我们来说，最危险的思维习惯之一就是屏蔽与我们意见相左的信息。我们每个人在看报纸时都喜欢阅读与我们的想法相契合的故事。我们往往会跳过那些表明我们存在错误的故事。以反映政治观点的期刊为例。我们认为在阅读《国家评论》的读者中，右翼保守主义者要多于左翼自由主义者，因为前者喜欢阅读自己支持的观点，而后者不太愿意学习领会与自己意见不同的思想。总的来说，人们喜欢选择与自己意见一致的杂志。同样的选择原理也存在于办公室和工厂车间。我们在这些地方工作时，往往会看到自己希望看到的东西。

一旦我们跳上了摇摇晃晃的臆测之舟，就很难踏回到坚实的陆地上了。我们很少有人愿意意识到自己犯了一个错误。想避免这种不愉快的感觉，最简单的方法就是不去理会与我们目前的想法不符的信息。

当你和其他人得出的结论存在差异，你可以把你所观察到的事实与得出的结论之间的关系表示清楚，将你的推理链条呈现在你和同事面前。你可以使用"推演阶梯"，这个简单的工具是由

结论
顶层梯级

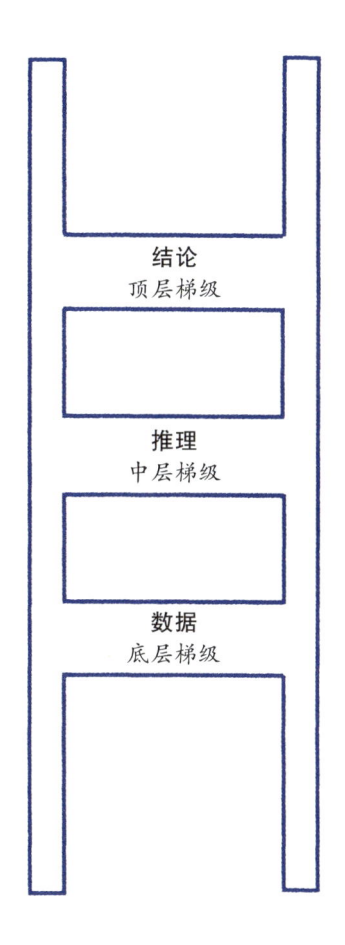

推理
中层梯级

数据
底层梯级

组织行为理论家克里斯·阿吉里斯、罗伯特·帕特南和黛安娜·史密斯提出来的。推演阶梯可以简化成三种梯级:

→ 顶层的"结论"。

→ 中层的"推理"。

→ 底层的"数据"。

为了对你的推理进行检验或与他人分享你的推理，你可以从梯子最下面的"数据"开始往上走。在四象限图中，你实际上是从第二象限的分析返回到第一象限，对你实际观察到的"数据"进行检验。

数据。数据是你直接观察到的信息，即人们的言语和行为，包括我们听到的话语、看到的事情、面部表情等。当然，无论何时，我们都是在从一个非常大的信息池中提取有限的一部分信息。这里需要提出的问题包括：

→ 我正在关注哪些数据？

→ 还有其他可以获取的信息是我想要的吗？

→ 我漏掉了哪些可以使用的信息？

如果最开始选取的数据不同，你可能会得出不同的结论。考虑这样一个例子。老板向你和其他八名员工提议星期六中午用两个小时的时间在办公室吃个饭，小聚一下。一个员工吃惊地说："星期六？"老板回答道："是的。星期六聚餐很方便，我们可以好好放松，不会有工作上的事情打扰我们。"没有人对此发表意见。这是你直接观察到的"数据"。

推理。在推理中，我们需要运用逻辑、演绎和推断对数据进行处理。我们会将数据组织成一种模式或一个故事。值得注意的是，同样的一些数据往往可以形成不同的故事，正如同样的几个词可以排列成不同的句子。人们可以从相同的数据出发得出不同的结论。在上面的例子中，老板可能认为与他意见不一致的员工会将自己的想法说出来。他手下的员工可能认为与上级公开唱反调不太好。如果他们衷心赞成一个计划，他们会表达出来；如果他们不喜欢一个计划，他们只会默默地在心里抱怨。

结论。结论是我们对观察到的数据进行推理得到的结果。在上面的例子中，老板的结论是，除了提出问题的一名员工，剩下的八名员工都同意他的建议。由于他已经回答了这名员工的问题，所以这名员工可能也同意了他的想法。

他的员工则可能会得出这样的结论：没有人对这个建议表示赞同，说明没有人支持这个建议；既然老板的提议引来一片沉默，他一定也意识到了大家的想法。

在这种情况下，双方的结论都有可能是错误的。为了解决这种对于"事实"的分歧——人们对老板的建议赞同还是反对——你们可以从推演阶梯下面的基本观测数据往上走，对导致不同结论的推理过程进行检查。你需要回归基本事实，看一看到底发生了什么，人们说了什么，做了什么，他们是如何说、如何做的。

下面的故事可以说明对数据和推理过程进行检查的意义。康涅狄格州有一位银行家凌晨两点钟给正在睡觉的外科医生打了一通电话。这位银行家此前曾与这位医生打过交道，他告诉医生，他妻子得了急性阑尾炎。银行家对阑尾炎有一些经验，他请求医生马上去医院等他们。医生听了银行家对妻子症状的描述后，让他给妻子吃几片阿司匹林，然后扶她上床睡觉，因为他相信银行家的妻子并没有得阑尾炎。银行家问医生为何得出这个结论，医生解释说："我七年前就把你妻子的阑尾切除了。一个女人不会有第二条阑尾。"听到这里，银行家说出了他的想法："是的，医生，不过有的男人是有第二任妻子的。请到医院等我们吧。"

推演阶梯可以用来提高你分析工作问题的准确度。当你对一个结论没有把握，你可以回到梯子底部，寻找是否存在与这个结论不一致的数据。

对于相同的数据，你可以寻找能够对其进行解释的不同结论。一旦你找到一个经得起检验的结论，你就可以接着往下走了。

方向：想出具有创造性的方法

光是理解还不够。第一象限和第二象限的思考可以让你对目前的局面及其原因获得清晰的理解。到了第三象限，你需要把注意力转移到前方，为未来制订一个或多个策略。此时你应该想出一个通用的方法解决目前的问题。你所开出的药方取决于你对现实的理解。如果你认为病人的头痛是视力不佳造成的，你就应该让他配眼镜。如果你认为孩子们的学习效果不好是缺乏家庭监督、学生不做作业造成的，你就应该考虑如何提高父母在学习上对孩子们的支持。

第三象限的思考不涉及具体计划。在这个阶段，你只需想出可行的策略，对它们进行评估，小心地在这些策略中做出选择。你应该将你的需求与可用的资源进行对比，并以此为基础制订总体计划。

将思考分成三部分：产生想法—评估想法—做出决定

不管是分析时的思考，还是与总体策略或具体计划相关的思考，我们都可以将思考结果分成三种类型。

→ **可供选择的方案**

头脑风暴（任思维自由驰骋）形成的创造性思想。此时的目标是形成一些想法，关注的是数量而非质量。

→ 评估

对不同想法的优缺点进行评估，是与上面完全不同的思考过程。这里的思考结果是支持或反对特定想法的观点或对这些想法的价值评估。

→ 决定

第三种思考形式是做决定。此时你要在可选方案中做出取舍，并对这个决定负起责任——有时，你还可以对已经做出的决定做出更改。这个阶段的思考结果是你所做出的决定。

对多个选项进行权衡，然后做出选择

我们最常忽视的步骤就是头脑风暴——开动脑筋，想出可能的备选方案，用于下一步思考。为避免漏掉好点子，你应该多储备一些可行方案，尽管其中许多方案随后可能会被你抛弃。这种想象过程往往会被传统的思考和稳健的判断所阻碍。

举一个例子：请你拿出一张纸，将你认为对世界贡献最大的人的名字写下来。在你写完以后，其他人可能会看到你的答案，他们会对你的选择做出评判。

你还可以采用另一种方案，即先写出大约20个优秀候选人的名字，这些候选人应该包含其他人可能做出的选择，包括音乐家、法官、公司经理、医生或者宗教领袖。此时你的任务是列出一张优秀的清单，以供进一步研究。

上面哪种方法让你感觉无从下手？哪种方法能帮你找到一个让人眼前一亮的候选人？

再举一个例子。如果你的任务是提出明年你度假时最想去的一些候选地点，而不是确定一个你想去的地点，那么关于休假计划的头脑风暴将比普通的方法更具有创意性。

先产生想法然后再评估的好处之一在于，这样更容易得到新颖的想法。即使在独立思考时，我们也不愿意考虑其他人可能批评或取笑的想法。如果把产生想法作为一个单独的步骤，我们就更容易放松限制，想出各种各样的备选方案，用于接下来的评估。我们在进行头脑风暴时更容易抑制住判断的冲动，因为我们知道后面还有机会进行评价。即使是一分钟的独立思考，也能促使人们产生更多的想法，提高他们的行动积极性，避免人们不假思索下产生的想法占用大部分讨论时间。

几年前，一家货运铁路公司遇到了严重的财务困难。管理层竭尽全力想要改善公司的业绩。他们把工会代表邀请到一个度假区，想要制订一些挽救公司的新政策。

他们讨论的一个问题涉及合同中的"用餐和休息"条款。每次他们重新协商合同时，该条款都会引发激烈的争执。公司的列车需要携带大量原材料和工业产品穿越北美洲广阔的大平原。几十年前，工会赢得了一项权利，员工可以把列车停在一座小镇上，出去吃一顿热饭——这项权利在冬天具有不同寻常的意义，因为冬天列车上很冷。此外，工程师们知道管理层的餐厅配备了技艺精湛的法国厨师。管理层则担心这一做法耽误的时间、列车空置的成本以及员工停车的不确定性会让他们公司在与没有这项规定的对手竞争时处于极度不利的地位。

他们决定通过头脑风暴想出一些新的点子。第一个想法是一名工会代表提出的，他说工人在半路上可以不吃饭，但是公司要额外支付工资。

管理层对此提出了强烈抗议。此时由一名工会成员临时充当的协调员提醒他们，在产生想法的第一阶段，大家不可以对这些想法提出批评。接着，管理团队的一名成员提议提前通知一家餐馆，让餐馆把便当装到篮子里，并派人拿着篮子在车站等候列车到来。一个老工程师说："我还有一个更好的主意。一辆长长的列车停下来并重新启动的时间非常之长。为什么不把篮子挂在杆子上，列车经过时把篮子取下来呢？我们过去就是把便当装到邮袋里，用这种方法解决吃饭问题的。"大家都觉得这种方法很大气，可以解决工程师的伙食问题。这时，正在做记录的秘书发话了："这些列车能产生许多电能，对吧？足够运行一台微波炉吧？他们完全可以用这种方法吃上热饭。"过去，人们只考虑两个选项——维持或取消"用餐和休息"条款，那时没有人想过一项新技术的发明可以用于满足所有人的需求。

你可以想出许多备选方案并对它们进行充分的考虑,这样你就能知道哪个方案最有意义。接着,你可以对你所看好的想法加以改进。如果发现一个想法有问题,你可以将其舍弃,继续研究其他想法。当你对头脑风暴的结果进行评估和权衡时,你仍然不需要在一棵树上吊死。你只需要记录各个选项的优缺点,并对它们进行比较。

第三种思考形式是做决定。决定是与自己有关的某种约定。"我决定拒绝这份工作。""我们决定今年夏天去山区度假。""我决定支持琼斯做这份工作,我觉得她是这份职务的最佳人选。"这些都属于决定。如果你的思考具有系统性,那么你的决定过程要容易得多,因为你不需要面对巨大的未知可能对一个想法进行判断,只需要查看你所制订的选项,从中选出最佳方案。你不需要在一个具体想法与无数未知想法之间权衡,只需要在已知选项中做出选择。除此之外还有一个原因,如果你知道自己在经过一定的实践后有机会重新对你的决定进行考虑,那么你的决策过程也会变得更加容易。

下一步:把好的想法转化为行动计划

许多人的想法很好,但是他们常常一事无成。制订良好的决策并不等同于将其付诸实践。艾伦以前的雇主兼导师拉尔夫·科弗代尔过去常常说:"在我决定起床以后,我仍然可以在床上躺一整天。"许多有创意的聪明人并不擅长做事,因为他们忽略了把好主意转化为行动计划这个步骤。俗话说得好:"通往地狱的道路是由良好的意图铺就的。"因此,你需要将好的想法转化为"下一步"行动——即目前要做的事情。

你应该将想法付诸实践。在第四象限,你应想出一组行动计划,这些计划应足够具体,足以指导你的行动。《谈判力》一书提出了让建议易于被人接受的好处。在第四象限,你应该把建议转化成可行的计划。所谓"可行的计划",指的是一组非常清晰的指令,人们在执行这些指令时不会产生疑问,能够获得预期的结果。

⬇ 明确团队共同使用这项技能的图景: 所有人有条理地"同步思考"

问题:人越多,无组织思考的危害越严重

如果你一个人生活,不爱收拾屋子,那么你在屋子里做点什么事情时效率可能会比较低。不过,你还是很清楚如何在混乱的屋子里生活。你知道在地板上的哪一堆东西里最有可能找到你最喜欢的衬衫,你也知道遥控器放在哪儿。如果你和另一个人合住,你们俩都很邋遢,问题就更严重了。你们摆放物品的方式会

妨碍到对方。你的室友整理房间时会把东西收起来，你可能一连几个星期都找不到它们。当你独自工作，混乱的思维是一种障碍。当你与他人共同工作，混乱的思维则是一种灾难。随着人数的增加，组织混乱带来的影响会像滚雪球般越来越大。

我们的思考都很随意，而且具有不同的方向

如果我们所有人朝着同一个方向思考，那么即使我们的思考缺乏系统性，也不会让结果变得更加混乱。问题是我们拥有不同的思考习惯，或者叫思考模式。通常这些模式并不协调。当一些人研究问题出在哪儿时，另一个人可能想要马上拿出解决方案。当有人想出一个好主意时，我们不是在其基础上研究更好的想法，而是指出其中的缺陷。我们基本上不清楚集体思维应该得到什么结果。我们常常会跑题。即使只有两个人在一起合作，他们也很难把思维协调起来。当更多的人聚在一起，杂乱无章地思考得到的结果完全是无法预测的。任何会议都可能演变成"闲聊"。我们不但没有互相帮助，反而妨碍了对方的思考。

理想状态：我们使用同一个简单思考模式有组织地共同思考

如果两个人相互妨碍，那么两个脑袋并不比一个脑袋强。借助于系统性思考，我们可以将许多人组织起来，实现高效的合作。在这种思考过程的每个步骤里，大家都可以分享新鲜的思想、不同的观点和经历，从而获得启迪。

有了饼图这样的框架，你就更加胸有成竹了。这种思考模式可以将众人的思维组织起来，实现有条理地思考。不管你是与另一个人合作，还是与许多人合作，饼图都是一个良好的会议框架。你们的目标是在四个象限的帮助下实现"同步思考"。在每个象限中，你们可以指出何时进行头脑风暴、产生选项，何时对选项进行评估，何时做决定，以进一步规范集体思维。

一个人进行系统性思考的好处同样适用于团队。此外，在团队中，系统性思考还具有其他优点：

→ 团队不会在七嘴八舌的讨论中跳过推理的某个重要步骤。相反，人们被组织成了一个整体，扎扎实实地共同前进。

→ 有条理的共同思考方式为我们提供了一种简单的分类方法，可以用于将各种思想分门别类，随后再去筛选。当有人提出一个突兀的想法，我们并不需要立即在这个新想法与原有想法之间做抉择。我们可以先把这个新想法记录下来。随着思考过程的推进，我们还会考虑到这个想法。

→ 系统性思考可以把我们的推理过程清晰地展现出来，使之得到人们的质疑和检验。这可以让我们避免落入群体思维的陷阱——一个群体可能会制订出一个糟糕的计划，因为每个人都觉得其他人一定会仔细考虑这个计划，或者每个人都担心对这个计划提出疑问会让自己有脱离集体的嫌疑。

→ 在系统性思考的帮助下，我们可以找出存在分歧的原因，而不是通过打压不同意见达成一致。如果我们知道我们的推理具体从哪里开始出现分歧，我们就可以对两种思路进行研究，选出最佳方案。饼图的思考框架可以帮助我们形成不同的观点，并在它们之间选择。

让我们回到筹划办公室聚会的例子上来。这个简单的例子潜藏着无组织思考所具有的所有陷阱，这些陷阱会让他们忽视最重要的问题。当一个团队具有良好的思考习惯时，不管他们是在筹划一个简单的聚会，还是在讨论挽救公司、使其免于破产的方法，他们都将拥有几乎相同的表现。一个团队同步思考时会是什么样的呢？

安：好的。让我们加快速度，以便尽快回去工作。比尔，你来做记录员好吗？请把我们的谈话要点记录在白色书写板上。

比尔：当然可以。

安：让我们首先谈一谈第一象限的"数据"。去年的聚会有哪些值得注意的问题呢？我先说一点吧。我去年看到许多人很早就离开了。聚会五点钟开始，到了六点半，一半的人都走了。我没记错吧？

比尔：是的。这是什么原因引起的呢？是我们的饮料不够吗？还是别的什么东西不够了？

克里斯：我当时在和会计部门的萨曼莎聊天。她很早就走了，因为她得去接丈夫。

戴尔：我当时听到有几个人说他们想把男朋友、妻子或其他家属带过来。

安：如果没有人带家属来，那么我不认识的那些人是谁？

克里斯：他们是我们的同事。其中有的人我认识，但是我不记得他们的名字了。说来真让人惭愧。

比尔：等一下，我把这一条记下来。"不……知道……名字。"好了。

戴尔：我们并没有把酒喝完。其实，我们喝酒喝得太多了。丹·詹金斯醉得一塌糊涂。

安：你为什么这么说？

戴尔：他说话都说不清了，而且走路都打晃了。

安：有道理。除了他，还有人喝醉吗？

克里斯：我没看到其他哪个人喝醉了。

比尔：好的。让我们给第一象限加点内容。还有别的问题吗？

克里斯：这次聚会不应该叫圣诞聚会，因为我们还有犹太同事。

安：算了吧。你太敏感了。

克里斯：不，不是我敏感。这很重要。

比尔：让我们看看为什么我们存在分歧。我会把克里斯的提议作为一个解决方案写到第三象限。这个建议听上去似乎合理，我们会在充分考虑之后做出决定。其他象限里与这个建议相对应的内容写什么呢？我想分析一栏里应该这么写：如果办公室聚会的名称带有宗教色彩，某些人又不属于这个宗教，他们会感觉自己受到了排挤。这么写行吧？

克里斯：当然可以。

比尔："数据"一栏呢？你听到有人说自己感觉不舒服了吗？

克里斯：好像没有。

戴尔：不过我们无法肯定他们没有受到伤害。我觉得正反两个方面我们都还没有数据支持。

比尔：我们可以问问周围的人，看看是不是这么回事。现在暂时假定克里斯的想法是对的。关于第四象限，我们有更改名称的具体建议吗？

克里斯："节日聚会"怎么样？

比尔：我们根本不需要起名。别起名了。

安："岁末聚会"如何？

比尔：这个名字我喜欢。"岁末聚会"。我们可以说，我们是在庆祝公司一年来的成功，这次聚会是对努力工作的奖励。

安：有人反对吗？好的。那我们就把名字暂定为"岁末聚会"。我们可以把这个名字发给大家，看看有没有人反对。让我们回头看看第一象限的问题。有人喝醉了。为什么会这样？是他向来如此，还是食品不够了？

略……

作为一个团队，我们不需要从头到尾严格遵守四个象限的顺序。面对许多问题时，我们可以列出所有问题的数据，然后进行分析，依此类推。我们也可以一次研究一个问题，每个问题按照合理的步骤进行到"下一步"。我们还可以从解决方案开始，回过头来研究支持这个方案的分析和数据。我们也可以将所有这些方法结合起来。最重要的是，对于每个问题，我们都要把每个象限中的思考表述清楚——或者说，我们应该找出还有哪些空缺需要填补。

下面展示了会议开到此时白板上的记录。对系统性思考进行记录的一个良好目标就是任何人中途走进会议室看到这些记录时都能理解团队目前的思考状态。不过，这么做的主要目的并不在于方便迟到者。我们每个人在被七嘴八舌的讨论绕晕或者不小心走神时，都可以查看会议记录，看一看我们已经得到的结果，好让我们的思维步入正轨。

同步思考并不能让每个人拥有相同的思想，甚至无法让他们达成一致。不过，这种方法能帮助我们理解何处存在分歧、为何存在分歧——这是就具体行动达成一致的至关重要的第一步。这种方法能够帮助我们加快讨论速度，就像交通信号灯帮助汽车通过拥挤的十字路口一样。

一、数据	二、分析	三、方向	四、下一步
许多人早早离开	没有足够的食品？ 需要去接家属？	邀请家属？	
惭愧	<u>不知道名字</u>		
至少一个人喝多了			

续表

一、数据	二、分析	三、方向	四、下一步
有人对聚会的特定名称不满？	改成更具包容性的名称	节日聚会？不起名？<u>岁末聚会</u>	

如何带人：
促使他人有条理地思考

当你所在的团队正在解决一个问题时，你可以在心里同时树立两个目标。一是帮助团队做好眼下的工作，二是着眼于未来，改善团队共同思考的方式。通常，你可以引导同事向系统性思考的理想目标迈进。这件事做起来并不容易。如果你能够成功做到这一点，回报也是非常丰厚的。

考虑下面的例子：

几十年前，一家小型英国公司成为首批大规模制造陶瓷电子元件的公司之一。这家公司坚持最高的质量标准，在材料的精确混合、烤炉的温度、加热的时间等方面非常细心，在行业内树立了良好的口碑。多年来，这家公司一直遵循相同的制造流程，发展得非常顺利。

突然，在几个月的时间里，这家公司的形势急转直下。来自客户的订单骤减。管理层急于弄清是哪里出了问题。其中一次会议是这样进行的：

总经理：我一直担心出现这种问题。生产人员迟早会变懒，不再遵守生产规程。我们需要投入更多资源，确保我们的工人遵守生产标准。

产品经理：好的，我会努力的，不过……我想我们需要考虑一下我们的价格是不是有问题。我们的雇员工资非常高。

财务经理：我同意。我想我们对工会太慷慨了。我们能对协议进行重新协商吗？

总经理：我们的协议为期三年，很快就会重新协商了。

市场经理：恕我直言，我觉得问题不在产品上。其他公司的营销预算比我们多，他们用于拜访客户的销售人员比我们多，这就是他们能抢走我们业务的原因。我们需要增加营销人员。

总工程师：如果这个行业的利润持续下降，也许我们不应该继续在这个行业投资了。我们应该把能够节省的资源节省下来，向其他领域扩张。这项技术正在过时。我们的客户很可能正在改用其他类型的元件。我们应该改变产品结构，生产不同的产品。

总经理：我已经听了你们的意见，现在我想让你们支持我的决定。我们要像以前那样，通过坚持行业内最严格的产品质量标准，让我们的产品重新夺回市场份额。我希望下星期一之前制订出改善产品生产标准的计划。

假如你是总工程师的助手，你的领导带着你参加了会议。你该如何改善这个团队的思考方式呢？请把这本书暂时放下来，思考一会儿。你应该如何说呢？

你很难让别人对他们的思考方式进行思考

让人们改变习惯总是很难。说服同事采用新的思考模式尤其困难。涉及思考方式时，指挥别人做事引起的抵抗往往特别强烈。"你可以改善你的思考方式"听起来很像"你很愚蠢"或"你有病"。

此外，当人们面对一个具体问题，他们可能会把注意力全部放在这个具体问题上。你很难让他们后退一步，审视他们研究问题的方式，而不是问题本身。更糟糕的是，对思考进行思考这件事听起来比较抽象，可能会把人弄糊涂。如果你让人们共同思考他们的共同思考方式，那么他们几乎一定会感到困惑。想象你在电子元件公司的会议上建议你的上级领导们审视他们的思考方式：

市场经理：……这就是他们能抢走我们业务的原因。我们需要增加营销人员。

你：恕我冒昧，我觉得我们现在的思考方式比较混乱。我们应该有条理地思考，从数据到分析，再到方——

总经理：你到底在说什么？

你：嗯，先生，我想说的是，我们应该首先研究我们思考销售额下降这个问题的方式。我们刚才只是从一个想法跳到另一个想法上，对哪个想法都没有进行充分研究。这样吧，让我们对我们的思考过程进行系统性思考。关于我们对具体问题的数据进行谈论的方式，你们观察到了哪些数据？

总工程师：你到底是什么意思？你最近是不是在学习管理方面的课程？

你：我们需要先分析问题，然后决定如何行动。

财务经理：让我们接着谈工会制订的工资等级表……

你很难用抽象的理论说服你的同事。分享与我们的谈论方式有关的数据是非常困难的。

你自己先要进行系统性思考

你需要首先想清楚自己应该做什么，而不是试图临时向大家传授系统性思考方法。你可以先进行最简单的分析：你的同事没有听说过任何有组织的思考方式，不知道这样做带来的好处。对于这个原因，可能的解决方案有：

→ 我们可以接受关于系统性思考的正规培训。
→ 老板可以给每个人发一本介绍系统性思考的书，让他们自己阅读。
→ 领导可以发出一条明确的指令，让所有下属进行系统性思考。

或者：

→ 在大家进行讨论时，某个人可以提出一个问题或建议，促使大家进入系统性思考的一个具体步骤。

在最后一个方案中，你可以独自行动，不需要依靠其他人的力量，因此你可以把这个方案作为出发点。

让大家共同使用上述"思考工具"

想让一个团队了解系统性思考方式，最简单的方法就是引导他们对目前的问题进行有序的讨论。系统性思考方式威力颇巨，大多数人很快就会看到它的好处。

有一次，一位年轻的法律学者受邀到波士顿房产事务法庭与一群公益诉讼律师讨论问题。他引导大家使用饼图分析问题，结果他们制订出了一个计划，用于请求议会改变流程。这次会议结束时，女主持人说："谢谢你对房产事务法庭问题给予的帮助。顺便问一句，关于你所使用的这张图，有相关的书面材料吗？"

如果你只是有计划地提出引导性问题，那么你在团队中的位置不仅不会阻碍你的行动，反而会起到帮助作用。你也许没有对其他人发号施令的权威，不过你完全有资格向周围更年长、更聪明的人请教问题。

寻求数据。 如果你觉得你的同事没有收集到关于目前局面的重要信息，你可以向他们寻求数据，让他们将事实补充完整。

市场经理：……这就是他们能抢走我们业务的原因。我们需要增加营销人员。

你：打扰一下，我想我没有那么多的经验，无法理解你说的是什么意思。关于客户不再向我们订货这一点，他们到底说了什么？

总经理：问得好。谁和他们聊过？

市场经理：开完会我就给我在几家客户公司工作的朋友打电话。

你：我很想知道他们是否还在买我们生产的这种电极。如果是的话，他们是在哪儿买的呢？

市场经理：是啊。如果他们正在从别的地方购买这些产品，我们需要知道价钱。他们出的价钱可能会低一些，因为这些地方的人工成本比较低。

你：我们还需要知道别的什么事情吗？我会努力寻找答案的。

寻求分析。如果你向他人请教，那么他们不会感到你在暗中批评他们不知道答案。如果你能主动寻找答案，那么在其他人看来，你不仅提出了问题，而且提供了一部分解决方案。你必须保证别人不会因为答案很难寻找就放弃一个优秀的问题。你可以引导他人对问题进行分析，而不是马上制订解决方案。这件事很容易做到。

市场经理：我给格拉斯哥的伊恩·斯特罗克打了电话，他说他们正在以更低的价格从一家美国公司那里购买电极。

你：我不明白为什么他们能把价格定得比我们低。他们在哪些方面和我们做得不一样？

财务经理：他们一定是在人力成本上占有优势。我们需要跟工会谈谈，要求他们让步……

你：这个解释很有道理，不过可能还有别的原因。我觉得他们在其他方面可能还有和我们不一样的地方。

财务经理：比如说？

你：我不知道。他们的价格比我们便宜多少？

市场经理：不到我们的一半。

产品经理：我们的人工成本只占产品价格的35%左右。

财务经理：也许他们的原料便宜。

产品经理：还有可能是他们控制产品质量的成本比较低。

你在提出问题时，并不需要亲自回答这个问题。

分析是非常关键的一步。在上面的例子中，这家公司通过深入调查，发现美国的竞争对手并没有对生产过程进行非常严格的控制，因此他们的装配工厂成本非常低，而且他们生产的电极在客户那里也可以正常使用。

在许多情况下，准确的分析可以让我们知道如何改进。在上面的例子中，这家公司决定减少控制生产过程的花销。此时仍然存在许多问题。想做出改变，将想法转化成具体的"下一步"行动也许是最重要的一步。人们常常开会讨论问题，进行头脑风暴，对他们的想法进行评估，而当会议结束时，他们往往不知道下次会议何时召开，下次会议之前应该完成哪些任务，谁来完成这些任务。我们在哪些方面节省成本不会影响产品质量呢？在精确的温度监测方面吗？在原材料成本方面吗？

一旦度过危机，你就可以鼓励人们思考最初问题是如何产生的。和以前一样，你只需要提出问题就可以了。我们为什么会在产品质量标准方面投入过多的资源？我们的思考方式出了什么问题？为什么我们没有从一开始就做出更明智的选择？

你也可以在提出问题的同时在白色书写板上写下几个关键标题，这样你就能在帮助团队对眼前问题进行系统性思考的同时宣传系统性思考的优势。例如，你可以这样写：

"在下次会议之前，我们应该对哪些问题进行研究呢？"

有序的思考方式非常有用。它不仅能帮助你完成个人工作，而且能帮助你改善与他人合作时的工作方式。它不仅能让你对共同思考的理想状态获得清晰的认识，而且能指导你们更好地达到这一理想状态。

5　计划修正术：不断修正计划，使其趋于完美

思考是没有止境的。你可以改善你的思考能力，但是不管你的思考多么有条理，方向多么明确，你的思想都不可能达到完美状态。我们在思考时会对现实世界进行简化，以便更好地理解和想象实际问题。这些简化的模型必然存在缺陷。总会有一些重要的因素是你不知道的，而且你根本无法预知你对现实的理解存在哪些漏洞。你无法知道有多少因素是你不知道的。

因此，学习永远是有必要的。你需要对你的思考进行检测，你需要将你的预测与实际情况进行对比。问题不在于检查你的思想是否存在缺陷——你的思想一定是有缺陷的——而在于检查哪些地方存在缺陷。如果你想把工作做好，你就必须深入了解你的任务。工作的第三个基本要素就是"学习"——把你的思想运用到实践中，以改善你的思想。最基本的技能就是将思考与行动相结合。

将思考与行动结合起来为什么这么难呢？工作上的学习与大多数人在学校里的学习并不一样。在学校里，我们学习事实、公式和理论。在大多数情况下，我们不会学习如何做事。学习如何

做事与学习新知识是完全不同的概念。此外,对于大多数人而言,教育意味着学习或者重建其他人已经知道的东西。除非到了撰写博士论文的阶段,大多数学生从未接受过解决新问题的任务。

要想帮助他人改善在工作中共同学习的能力,你首先要养成在工作中学习的习惯,包括你独自工作的情形。要提高学习能力,你首先要了解目前阻碍你学习的因素。

⬇ 培养一项个人技能:
在工作中不断学习

问题:计划基于错误的假设,行动基于错误的计划

人们有时没有经过充分地系统性思考就开始行动,有时却思考有余,行动不足。有时我们认为应该先制订出"正确"的计划,然后才能按照计划工作。写书的人喜欢在撰写正文之前反复修改提纲。(我们写这本书时,先是写下了许多建议,然后才在实践中亲自对这些建议进行检验。)当我们有了好的想法,可以进行尝试时,我们往往还在不停收集新的信息,产生新的想法。有时我们为了对两种不同做法的优缺点进行权衡而苦苦思索,花费了很多时间,其实我们完全可以用这些时间把两种方法都尝试一遍。

当你准备采取行动,可能已经晚了。其他人已经出版了一本类似的书。股价已经上涨了,或者下跌了;房子已经卖出去了;空缺的职位已经被人占了。推迟行动最大的问题绝非错过好时机,推迟行动会影响工作质量,因为我们在完成工作之前没有机会去学习如何改进工作方法。有时我们根据对事实的推测制订计划,结果却发现这些推测是错误的。即使还有修改的机会,之前的所有工作也都白费了。

1947年,一个欧洲人到美国避难。他是一个富有的实业家,想用手头积攒的财富开办一家企业,留给孩子们。他是工业材料方面的专家,决定开发一种新型胶水,用在其他胶水无法使用的地方。经过多年的努力,他开发出了一种理想的胶水。这种胶水携带方便、干燥时间短、防水、绝缘性好。他把配方制作出来以后立即进行大规模生产,很快卖出了大量胶水。几个月后,他才收到第一份问题报告。这种胶水其他方面都很好,但是黏着性很差。

我们常常难以开展行动,一旦做起事来常常会感觉困难重重,这是怎么回事呢?

肇因:你把思考和行动分割开了

一个深层原因在于我们把对一个问题的思考和行动分割开

了。在我们的工作中，计划的制订与实施在时间、地点以及参与的人员等方面常常是相互脱离的。我们先是通过思考制订出计划，然后通过行动把工作做完。这样一来，思考和行动的质量都会受到影响。

思考需要靠行动来提供新的数据，行动需要不断依靠新的思考来修改方向。思考与行动分隔的时间越长，效果就越差。如果一个人只思考不实践，那么他的思考效率会越来越低。

你等到计划雕琢得非常完美时才开始行动

我们担心把事情"做错"，因此等到计划达到完美状态时才开始行动。由于做任何事情都存在出错的风险，所以我们会把这种风险尽量往后推。

在某种程度上，这是教育的问题。下至小学，上至商学院，大多数学校都在教导学生解决一个个独立的问题。老师知道问题的答案，学生则需要把这些答案找出来。这种"闭合式"问题只有一个答案，我们需要不停地努力，直到把答案找出来为止。我们的目标是找到正确的答案，拿到完美的分数。

不过，现实生活并非如此。我们面对的挑战都是开放式问题，没有完美的答案——如空气污染、安全、教育、高效生产、人力资源管理等问题。我们需要采取行动，使局面得到改善，使我们取得某种进步。不过，由于我们受过教育，因此我们希望制订出最好的计划。我们不停地努力，希望通过制订出越来越好的方案来"解决"开放式问题——但是在这个过程中，我们并没有采取任何行动。

如果目标选得好，那么坚持不懈是一种优点。不过，当我们制订计划时，我们的目标并不是高质量的计划，而是高质量的工作。无休止地制订计划并不能实现这个目标。

一旦开始工作，你就不再考虑如何改善工作方式

实践是一个优秀的老师，但它只接收肯花时间学习的学生。当我们开始为某项任务而工作，我们常常会选择一个"行得通"的方法，一条道走到黑。我们在工作中往往不会根据具体情况考虑如何更好地工作。

你没有考虑在工作过程中改变方法。 当你投入一项工作中，你会比之前更加了解这份工作。我们通常所遵循的计划是在我们对工作不太了解的情况下制订出来的。我们有时认为计划是神圣的，并且一字不差地去执行，即使对于我们自己制订的计划也是如此。有一次，我决定星期天回老家休息，因为只有那天才能订到运送私家车的渡船。后来，我女儿说周末想用我的车，我同意了，因为我觉得在海滩用不着汽车。结果我等到星期天才坐公交车回老家，浪费了半个星期的时间，而这仅仅是因为我之前做出

了星期天动身的决定。

和停下来规划新的方案相比，遵循原有的方案看上去更加容易。短期来看，也许事实的确如此。不过，长期来看，如果你花点时间根据发生变化的局面检查一下你的计划，你很可能会更快地实现目标，甚至能更好地实现目标。

如果计划是其他人制订的，我们就更不可能提出疑问了。一个理由是，如果计划的执行效果不好，那也是别人的问题。罗杰曾看到一名建筑工人将一棵美丽的橡树砍倒，他感到非常吃惊。这名工人不想找设计师把房屋的建造位置移动几米，但是设计师在设计房屋时并不知道那棵橡树的实际位置。人们的做法常常很像那支著名的轻骑兵旅：

> 没有人回答，没有人提问，
> 　他们只是遵守命令，然后壮烈牺牲……

在某些组织中，"命令"取代了人们的思考，甚至取代了常识："我接到的命令不是这样的，所以我不会这么做。"

如果你不对正在发生的情况进行观察，并与你的预期进行对比，那么你就不会获得新的信息，也就无法对计划进行修改。我们常常无法及时在失败中总结经验，吸取教训，将其运用到当前的工作中。

你没有为未来积累经验。有时你不能及时吸取教训并立即运用到工作中。你觉得鸡蛋放在一个篮子里是安全的，结果它们打碎了。你忘记征求大家的意见，结果把孩子们喜欢的家具卖掉了。你觉得客户会喜欢你的介绍，但他们实际上并不喜欢。这类事情一直在发生。

你无法改变过去，但是你可以从中吸取教训。对于下一篮鸡蛋，你可以采取不同的摆放策略。不过，我们常常没有做到为了未来而学习，让过去的事情就这么过去了。

对我们来说，工作总结常常排在次要位置。回顾过去的好处要到未来的某个时间才能体现出来，目前还有更加紧急的事情需要处理。报社记者刚刚赶在截稿之前完成了一篇报道，马上又开始为下一个任务做准备。和大多数人一样，他们很少会去总结他们所使用的方法是否存在改进的空间。

当我们真的花时间进行总结，我们常常没有把这些时间有效利用起来。总结往往变成了批斗大会或奖励大会，没有人关心如何改进。艾伦曾在一家陷入困境的职业体育俱乐部做顾问。他注意到队员们对赛后举行的团队会议并不热心。他问队员为什么会这样，队员们说，如果比赛取得了胜利，那么开会只是走走形式而已，基本是在浪费时间。如果比赛输了，经理也只会对负有责任的队员进行严厉地批评。在这两种情形中，集体会议都无法让他们受益。

当然，对人们的努力工作进行表扬是有用的，这样可以让他们获得满足感，从而心甘情愿地继续努力。不过，表扬本身并不能提高他们的技能或改善他们未来的表现。你在学校里收获最大的时刻很可能并不是拿到成绩单时，而是老师把你单独叫到一边，告诉你试卷或实验应该做出哪些改进时。

目标：将思考与行动相结合

如果你想从实践中学到更多东西，从而完成更多工作，你需要做什么呢？

首先是重新考虑下面这个老生常谈的话题：如何在花时间思考与花时间行动二者之间做出选择？这种权衡会让人产生错觉。与花更多的时间进行思考相比，采取行动通常会帮助你更好地思考。

我们其实可以把思考和行动结合起来，而不是将二者当作分开进行的不同活动。你应该让你的行动紧密地服务于清晰严密的思考，通过系统性地提供实实在在的新鲜数据，你可以让自己的系统性思考得到充实。当然，这些新鲜数据来自你将思想运用到实践时对实际情况的观察。

一家滑雪设备商店的经营遇到了问题：店员帮助每位顾客选购合适的设备并通过收银台的过程需要花费大量的时间。这家商店的经理想解决这个问题。假如她用一个小时的时间进行严格的系统性思考，她会想出一些办法。如果连续思考十个小时，她可能会想出更多办法，但这些办法不太可能达到原来的十倍。要是她先思考一个小时，然后用一个小时对她的一些想法进行实验，然后再花一个小时改善原来的想法或研究新的想法，那么她这三个小时的思考和行动可能比十个小时的单纯思考效果还要好。

尽早行动

稍微花点时间制订计划当然是有用的。有效的准备工作可以为行动打下良好的基础，有了这个基础，你在行动中就可以坚持有效的方法，改善无效的方法。一位伟大的厨师可以设计出一道新的美味佳肴。不过，如果他没能把菜谱记录下来，他可能会在几个星期之后忘记这道菜的做法。对于更加复杂的工作，良好的准备工作应当包含一份书面计划，上面记录了你们的工作内容和一些预期结果。这份计划可以包含未来计划的初稿，也可以包含你们在工作中应当注意的事项。

不过，计划永远不可能达到完美状态。你永远也不可能知道是否存在比你目前选择的行动方案更好的方案。你总是可以继续等待，做更多的研究。总是会有人给你提供更多的建议。你需要做出决定：我应该继续制订计划还是开始采取行动？你已经知道，我们总是喜欢一直等下去，直到计划趋于完美，所以通常来说,最好的建议就是"不要等待"。不要把思考看作可以独立产生最终结果的单一步骤。你面对任何问题时,都应该尽早对自己的推测、想法、计划进行检验。

不要在计划和行动之间做选择。最明智的做法通常不是在制订计划和开始工作之间做选择,而是将二者结合在一起。开始工作并不意味着计划停止了。计划和行动之间应该可以随时切换,二者应当具有相互促进的关系。在大多数情况下,开始行动的好处胜过推迟行动、润色计划的好处。想对计划进行改善,最好的方法就是在实践中检验,至少是小规模检验。项目试点、试钻、试车、在模型和模拟的帮助下工作,这些都是适时采取行动、通过实际经验对计划进行改进的方法。

你应该考虑风险问题。当你感觉将你的想法付诸实践存在风险并为此感到犹豫时,你应该问自己:"采取行动与不采取行动、保持原状相比,哪个风险更大?"

一家大型电子公司的人事经理意欲取消一项按照工作成果支付工资的方案。在这类方案中,员工会计算如何操作能让自己在保持产量不变的同时获得最多的奖金。不过,这位人事经理并不想用单调的日薪取代目前的工资制度。尽管目前的制度无法令人满意,但他还是担心该制度取消后工人会放松下来,导致产量下降。

接着，人事经理想，如果不做出改变，会发生什么情况呢？根据最近几年的经验判断，公司向员工支付的工资还会继续上涨，产量却不会上升。他觉得放任不管的风险大于试验新制度的风险，所以他决定做出改变，看看结果如何。如果需要，他随时可以改回来。

在有些情况下，在迈出第一步之前，你必须制订出万无一失的完美计划。在确定降落伞处于最佳状态之前，你并不想从飞机上跳下去。不过，即便在这个例子中，我们也会发现，某些"行动"在很早以前就开始了。聪明的人在制作降落伞时，不会一直趴在桌子上制订计划，他们会画出一些草图，制作一些降落伞模型，在桥梁和高塔上用重物进行试验。音乐剧的制作人也会在百老汇举行试演。

本书的大部分观点也是通过这种方式形成的。在本书出版之前，我们在为专业人员开设的培训班上介绍了书中的理念，以检验它们对这些从业人员是否有用。根据反馈，我们对本书做出了改动。只要开始行动，我们就一定会获得有用的信息，从而制订出更好的计划。

及时总结

该行动的时候就应该停止思考，立即动手；该思考的时候就应该立即放下手里的工具，想一想你正在做什么，你是如何做的。我们可能会想当然地认为应该在任务结束时进行总结。学生的成绩是在学期末评定的。投资银行家在完成一次大型并购以后才会聚在一起对他们的表现进行评估。实际上，经常进行总结是有好处的。不管你是否取得了很大的进步，你都可以停下来，总结并改善你的方法。为什么要等待呢？

我们可能认为完成某项工作以后，我们可以设计出比之前更好的方法。我们可能没有注意到，即使工作只进行了一半，我们一样可以设计出更好的方法。只要有可能，你应该及时总结自己的表现并从中受益，这才是明智的做法。

一旦你开始行动，你就会把注意力集中到工作细节上，很容易失去对全局的掌控。你可能对工作中的某些复杂问题非常投入，在这些问题上花费了过多的时间。在这本书的写作过程中，艾伦曾抽空去修理他的汽车。他花了半个小时把一个螺钉安装到发动机上很难安装的一个位置，然后说："如果我能在开始的五分钟退一步想想，我本来可以做得更好。"

你可以准备一份问题清单，帮助你进行总结。你可能会发现这份清单很有用。例如，你可以列出下面的问题：

总结清单范例

哪些方法看上去比较奏效？

我可以在哪些方面改变做法？

我能从目前的工作中获得哪些指导？

这些指导可以用于目前的工作吗？

可以用于未来的工作吗？

如果你对工作过程记得比较清楚，那么总结的效果可能会更好。假如你在工作过程中停下来进行总结，那么你就会对这种总结给予应有的重视，因为你得到的结论可能马上就会用到工作中。一个任务一旦结束，我们往往会把这个任务完全抛到脑后，转而研究其他问题。

作者此前在哈佛大学法学院为期五天的培训班上向实习律师和其他专业人员传授谈判技巧。教师团队由年轻学者和学生组成，他们需要协助学员组成不同的小组进行讨论。教师团队对每天晚上的总结非常关注，因为他们急于改善第二天的表现。到了星期五下午，他们又都浮躁起来，想要尽快结束总结，出去喝一杯。对他们来说，每个星期最大的收获来自中期总结。

按照计划完成工作与花时间思考更好的工作方法之间永远存在矛盾。我们必须在二者之间做出平衡。能掌握好这个平衡的个人和团队少之又少。大部分个人和团队都应该投入更多的时间进行总结，以改善他们的表现。

"经验"是一位水平很高的老师，但是它无法单独授课。据说，当医生开始解剖尸体，知道自己何时诊断正确、病人何时死于其他疾病，医学才取得了比较大的进步。如果你能认真审视自己犯下的错误或取得的成功，那么你会过得更好。通过对已经完成的项目进行总结，你既可以对他人提出奖励，也可以知道未来如何做得更好——后者比前者更加重要。

按照"准备—行动—总结"的顺序工作。为了把思考和行动结合起来，并保持二者的平衡，你在工作中可以不断重复一个简单的模式：

准备→行动→总结→准备……

我们可以对上一章的饼图进行扩展。单独来看，饼图描述的仅仅是思考，不涉及行动。饼图首尾相接，因此不包含前进的概念。实际上，你不需要反复绕圈子。只要你知道前进的方法，你就应该投入行动中。下页的正弦曲线图描述的就是这种情形。波浪线下方表示行动。在这里，我们实施计划，试验想法，进行实际工作，如制造汽车、为病人看病、收割庄稼、达成协议等。波浪线上方表示思考。在这里，我们对工作进行思考：分析问题的原因、开会制订计划、对工作表现进行总结、在工作过程中对计划进行修改等。

这张图表示，当你沿着正弦曲线往下走时，你会不断地跳入行动的"海洋"中（游泳时要睁大双眼），然后浮出水面，迎接思想的"阳光"——同时，你也在不断地向着目标迈进。

不断重复这个循环。每次总结过后，你都要准备下一步的工作。

每次总结都会产生新的信息。有了这些信息，你就可以投入新的工作中，制订新的计划并付诸实践。

准备、行动和总结是在工作中进行学习的重要阶段。如果你不断重复这三个阶段，它们会发挥出更大的力量。通过重复这个过程，你可以：

避免制订决策时陷入停滞状态。

按照上述短期循环进行工作，你无须一开始就把准备工作做到位。你可以在工作过程中修改计划，因此你不太可能在制订计划时卡壳。

迅速接受新信息。

如果你不时抬头看看目标，那么你不太可能在错误的方向上越走越远。

把精力投入最有效率的地方，而不是在收效甚微的地方埋头苦干。

流程的外延：正弦曲线

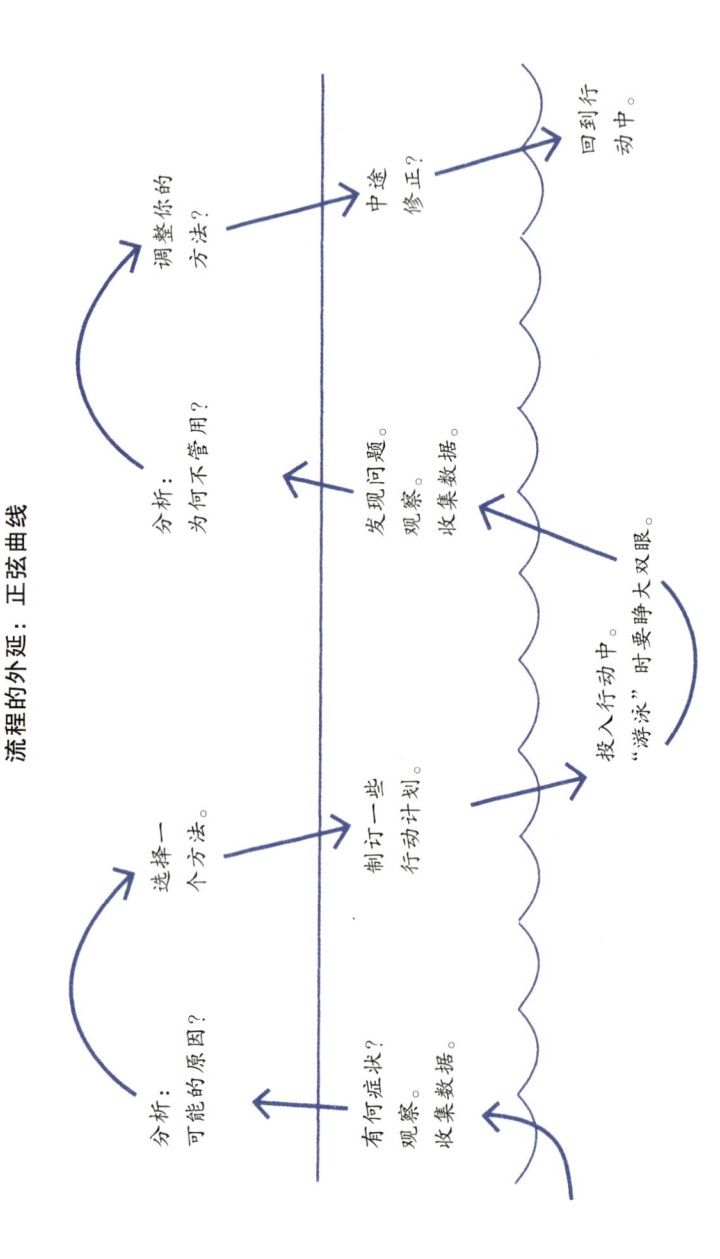

分析：
可能的原因？

选择一
个方法。

分析：
为何不管用？

调整你的
方法。

有何症状？
观察
收集数据。

制订一些
行动计划。

发现问题。
观察
收集数据。

中途
修正？

回到行
动中。

接入行动中。
"游泳"时要睁大双眼。

你不需要浪费时间追求完美。有了这份自信，你就可以行动起来，迅速取得进步。

⬇ 明确团队使用这项技能的图景：共同准备和总结

问题：人越多，越难从实践中学习

"阳光软件"

1996年夏天，美国一家大型软件公司的执行委员会为整个公司精心制订了1997年的计划。这项计划规定了哪些产品将停产，哪些产品要修改，哪些产品将获得特别市场预算的支持。这项计划得到了最高管理层的批准，下发给了公司分布在全球的所有办公室和分支机构。

执行委员会的成员都是公司中能力卓越、资历深厚、工作严谨的管理者，不过他们制订的计划却让其他人大跌眼镜。日本的办公室认为这项计划与当地市场严重脱节，其他分支机构的人也对这项计划不满意。不过，命令就是命令。公司里勤勤恳恳努力工作的普通员工和管理人员一边努力实现这项计划，一边努力根据现实对计划做出自己的解释，一边寻找这项计划在他们地区行不通的理由。一个年轻的市场经理询问他的上司："我们应该怎么做呢?""适应吧,"他的上司回答道,"这种事情一直在发生。"

一些人制订计划,另一些人执行计划

任何组织都可能存在这种情况:一些人专门负责制订计划,另一些人负责实施。组织的规模越大,计划制订者和执行者的有效距离就越远。因此,制订计划的人常常无法收到反馈,也就无法发现他们的想法存在问题。

假设产品企划部接到了制订计划的命令。他们把计划制订出来以后,提交给上级领导。管理层决定执行这些计划,于是计划传达到了"执行者"(即各个生产部门)那里。思考的人仅仅是思考,执行的人仅仅是执行,两个群体并没有相互交流经验。执行者不知道计划背后的思想,既不知道他们是否可以对计划进行调整,也不知道他们可以对计划做出怎样的调整。计划制订者则没有机会修改计划,以解决执行过程中遇到的困难。

有人力求完美,有人想立即行动

在任何群体中,总是有人想花更多的时间进行思考,等到他们相信计划能够产生"正确的结果"时才开始行动。通常,一两个谨小慎微的人足以耽误整个团队。类似地,总是有人希望"不顾一切地前进"。由于他们的存在,别人很难停下来进行总结。

总结总是推迟到没人关心时才开始

人们通常认为实实在在地做事比停下来讨论重要得多。因此，人们往往不会在有机会做出改变时进行总结。此外，项目完成以后的总结常常推迟到写项目报告或年度总结时，此时人们早已把这个项目抛到了九霄云外。这类总结很少会得到集体参与，大家通常指派一个人撰写总结报告。通常，报告的宗旨并不是总结经验，吸取教训，为未来制订指导方针，而是让团队的表现看上去更出色。这类总结对团队来说基本没有教育意义。

我们很少总结合作方式

即使停下来对项目进行总结，我们也可能只关注工作本身。我们不太可能总结团队共同工作的方式，或者努力改善我们的合作。如果不是特别关注，我们不会考虑我们无法相互协调的原因以及我们能从经验中学到什么。如果团队共同工作的方法有问题，那么即使我们找到了解决具体问题的方法，下次我们还会犯同样的错误。具体工作上的问题常常是由我们共同工作的方式引起的。

在上面的例子中，如果软件公司不解决分公司与执行委员会之间缺乏信息交流的问题，那么修改具体计划起到的作用不会很大。通过总结具体计划，他们可能会知道哪些产品今年在日本会有不错的表现。不过，这样做并没有消除问题的根源。他们明年可能会在另一家分公司遇到相同的问题。

我们似乎永远都有更重要的事情要做,没有时间为改善合作方式制订计划。不过,正如一家大型化学制造厂老板所言,"我们在实践中明白了这样一个道理:我们在共同工作方式、决策方式的思考上以及改善合作方式的研究上花费的时间越多,得到的回报就越大"。

理想状态:大家都努力将思考与行动相结合

上述做法能让你更好地工作。如果你能让整个公司里的人接受这些做法,那么大家都会受益。你的理想目标是:组织里的每个人都理解在计划得到完善之前开始行动的价值,以及随时停下来查看局面发展状况和团队合作情况的价值。每个人都可以随时提议着手进行某些工作,以便获得一些经验。每个人都可以随时提议停下来共同总结。我们共同在经验中学习,每个人学到的东西都能让其他人受益。

我们对具体工作的方式制订计划,付诸实施,并进行总结

我们在工作中需要完成具体的任务。对我们具体工作的方式进行观察和总结的一个主要目标就是研究如何更快或更好地完成具体任务。

波音公司的工程师在设计制造首批737飞机时度过了一段艰难的岁月。经过充分总结，他们把这段过程中犯下的错误和走过的弯路写成了一本厚厚的书。后来，所有制造首批737飞机的设计师都研究了这本书，结果他们的工作效率得到了很大提高，工期也大为缩短。

我们对共同工作的方式制订计划，付诸实践，并进行总结

此外，我们还想从行动中了解我们的合作情况。我们的合作顺利吗？我们可以通过哪些方法改善我们目前和未来的合作？当我们共同进行总结时，我们也需要观察和了解我们共同总结的效果。理想状态下，我们应该定期认真总结。

当然，大多数政府机关、大学和公司都不是这样运转的。一旦你意识到独自工作时在行动中学习的重要性，你就能意识到与他人合作时在行动中学习的重要性。不过，如果你看一看大部分组织在这方面的表现，你可能会大吃一惊。

"阳光软件"踏上正途

公司吸取了"1997年计划"的惨痛教训。执行委员会从某些地区经理的口中得知：一方面，总部的计划在他们那里无法实施；另一方面，他们又没有机会对计划做出改变，因此这些人陷入两难的境地，感到非常郁闷。为此，委员会单独安排出一天时

间，专门用来研究问题出在哪里。他们不仅研究了具体问题，而且研究了引发这些问题的工作方法——后者更加重要。

到了为1998年制订计划时，执行委员会准备了一份"计划草案"——他们改变了去年的工作流程。来自全球各个办公室的代表受邀参加了一次大型会议，根据他们的经验对计划草案提出修改意见。人们先是分小组讨论，然后把意见汇总到一起讨论。大家都很努力，会议每天开到很晚才结束。总的来说，大家工作得很开心，因为有人倾听他们的意见，他们有机会在计划的制订过程中将自己的经验拿出来分享。通过改善计划的制订过程，公司制订出的计划与之前相比有了很大进步。新的计划更加灵活，考虑到了各地市场的具体情况，并为具有类似需求的分公司提供了沟通渠道。

◆ 如何带人：
帮助你的同事从经验中学习

这一章的第一部分研究了将思考和行动相结合的个人技能以及如何改善这种技能。第二部分介绍了团队合作的理想状态：一个团队通过"准备—行动—总结"的循环不断学习——这是你的努力方向。现在我们的问题是如何"领导"同事（包括你自己）实现这一目标。当你与他人共同工作时，如何使用横向领导技巧让所有人将思考与行动结合起来？

"阳光软件"的执行委员会改变了做法。他们对公司的表现进行了总结，设计出了新的方法并迅速付诸实践，而且他们还安排时间对新方法的初次实践进行了总结。这种改变是如何发生的呢？主动站出来指出问题的人是谁呢？他说了什么呢？假设你是软件公司分部一个有经验的员工。想让委员会总结经验、吸取教训，你应该如何做呢？

委员会可能更加关注任务本身（主打哪些产品，如何促销），而不是完成任务的过程（他们应如何做出选择），后者很可能具有更大的改进空间。幸运的是，如果完成任务的过程得到改进，人们往往能更好地完成任务。假如你能让大家养成习惯，经常检查团队的工作方式并不断做出改善，那么团队就会获得内生动力，不断重复"准备—行动—总结"的工作过程。

提供数据：大家在学习方面存在的问题

当1997年的计划下发给各个分部时，执行委员会需要获得关于该计划执行情况和计划制订过程对员工影响的真实数据。此时，你应该站在自己的位置对这些情况进行观察，并询问别人注意到了什么。也许你不问别人，别人还会不高兴。

私下向你认识的人提问时，你应该留心观察那些能够将你的想法推翻的"数据"。你既要寻找这项计划的优点，也要研究是否存在其他更好的做法。此外，你应该根据其他人的想法纠正自己的偏见。

收集到数据以后，你就可以将这些信息提供给能够有效利用它们的人。高层管理者常常无法了解下层的困难，因为下层员工担心反映问题会受到批评。所以，制订计划的人无法收到能够帮助他们做出改善的信息。为解决这个问题，你可以私下里将这些信息提供给一个特别的人，这个人可以思考如何处理这些信息，不用担心受到批评。

尊敬的＿＿＿：

我给您写这封信，是因为您是执行委员会的成员。我想和您分享一些与公司计划实际执行情况有关的信息，这些信息有的是我亲身观察到的，有的是我从同事那里收集到的。您的视野比我开阔，能够更好地理解这些信息，您可以决定是否将这些实际情况转达给委员会的其他成员。如果您想对公司明年的计划做出修改，我希望这些信息能够起到参考作用。

首先，我注意到……

如果你把投诉提交给委员会，那么每个人都会这样想："我是站在朋友们的对立面支持这份投诉呢，还是为我们制订计划时所做的努力和艰难取舍进行辩护？"不难想象，委员会成员很有可能会为自己辩护，将一切问题推给分公司。

上述方法的好处在于，它为这位委员会成员提供了另一种选择："我是否应该把这些信息转达给我的朋友，以便在情况进一步恶化之前及时采取行动呢？如果我们能让情况有所好转，我和朋友们就可能受到表扬，所以我应该把这些信息利用起来。"

提供分析：我们并没有为他人的学习提供帮助

执行委员会显然没有意识到他们的计划中有一些不切实际的内容。这一问题的责任主要在于知道实际情况却没有向上面汇报的各地工作人员，而不是一直蒙在鼓里的委员会成员。为解决这一沟通问题，你可以在两个方面努力。

你可以把你对问题的分析告诉办公室里的同事："我觉得他们制订的计划与我们的实际情况不协调的原因在于我们没有把实际情况详细告诉他们。这也是问题的一部分，对吧？"你也可以把类似的分析传达给总部。

当你对成功的原因或问题的原因进行分析时，你应该寻找与计划的制订过程有关的原因。

提供方向：建议大家分享自己的经历

另一种方法是向处于更佳位置、能够改变局面的人提出建议。在前面的例子中，分公司老板告诉市场经理，地方办公室出现的问题是委员会的错误造成的，对此他们无能为力。为了鼓励老板采取一种比较积极的方法，这位市场经理应该说什么呢？

老板：适应吧，这种事情一直都在发生。

金：这么说你以前也经历过这种事情？

老板：每年都这样。我以前常常向他们抱怨，但他们从不回应。

金：也就是说，告诉他们做出改变是没有用的。也许我们可以换一种方法，让局面有所改变。

老板：我们能做什么呢？

金：他们制订计划时从不考虑我们的情况，对吧？我想这是因为他们不知道我们的具体情况。他们不知道我们的情况，必须满足两个条件：一是他们不问我们，二是我们不主动告诉他们。也许我们无法让他们做出改变，但是我们可以改变我们的做法。

老板：我怎么知道他们需要什么信息？

金：问得好。我也不敢完全肯定。不过我们至少可以把我们认为重要的信息提供给他们，问问他们这些信息是否有用。

老板：他们不会改变的，因为要做出改变，他们就得先承认自己犯了错误。他们是不会这么做的。

金：我想你是对的，他们不希望受到批评，所以会尽力保全自己。我们可以这么说——"这是很重要的信息，很抱歉，我们之前没有把这些信息传达给你们。"这样就不会让他们背上责任。如果只有我们的办公室向他们提供信息，那么我们即使承担起这份责任，也不会受到批评。

老板：你的说法也许是可行的。不过我为什么要这么做呢？他们是执行委员会的委员，是制订计划的人。我没有义务为他们工作。

金：你当然没有这个义务。不过如果你能通过一点努力让公司的计划制订过程得到改善，你就可能获得你想要的资源，用来满足客户的需求，这样你就能过得更舒服。至于具体建议，我觉得应该由你来制订。你想如何做决定，你自己比我更清楚。

你向别人提供方向时，一定要说清楚，你并不是在向他们发布命令。你应该站在旁观者的角度向他们描绘可能的图景，供他们选择，就像内阁官员提出建议供总统选择一样。

采取一些行动

你可以主动草拟一份报告，对各地定期向总部提交的报告进行总结，看一看各个地区没有向总部提供某些信息的做法是不是造成执行委员会不了解各地实际情况以及1997年的计划（还有1998年的计划草案）脱离实际的原因。

最后，当你努力想让同事采取更好的做法时，必须牢记：你可能不会立即获得成功。你也会犯错误。你可能会激怒一些同事。简而言之，你会发现你所尝试的一些方法效果并不好。面对失败，你很容易认为这是一项无法完成的任务。这时，你应该总结经验，吸取教训。你可以对你的行为进行仔细分析，看一看哪里出了问题。当你再次努力，你应该做出一些调整。通过实践和总结，你的努力会越来越有成效。

6 激励管理术：让团队成员保持专注

当你环顾办公室，你会发现有的同事比其他同事更有干劲。你可能会想："这是很正常的事情。我们很早就听过蚂蚁和蚱蜢的故事。有的人工作很努力，有的人则不那么用心。我并不能改变这一点。"这种观点有一定的道理。所有的教练都知道，有的运动员训练时比其他运动员更加刻苦。车间工长知道有的工人比别人更勤奋，公司总裁知道有的经理比其他经理更有干劲。

不过，你可能忽略了一个现象。有的人的确在工作上比别人更加努力。不过你也要看到，每个人都有自己的高峰期和低谷期。在合适的条件下，每个人都会变得更有效率。

艾伦曾经参加过一家英国啤酒厂举行的一次会议，管理人员希望在会议上对公司的培训计划做出评估和改进。会议由总经理主持，效果非常糟糕。大家讨论起来没完没了，而且并没有取得什么实质性成果。当总经理因为参加下一场会议而被迫离开会场，他把主持会议的任务交给了生产总监。结果，在生产总监的领导下，会议进行得非常顺利，很快就结束了。听了这个故事，你可能会对生产总监的出色领导表示庆幸。不过，真正的问题是：既然他知道怎么做，为什么不早点帮忙呢？

平心而论，我们必须承认，在很多情况下，我们自己也没有把精力充分投入工作中。你一定有过在会议上一言不发、闭目养神的经历。如果有人问你上一位发言者说了什么，你可能回答不上来。你可能发现自己走神了。和大多数人一样，你会有几天或几个星期的时间对你所参与的项目漠不关心。

想知道如何激励他人为团队的共同事业投入更多精力，你应该首先问自己两个问题：一是为什么你不能更加努力地工作，二是对此你能做什么。

⬇ 培养一项个人技能：
塑造你的工作，使之包含趣味性和挑战性

想让你的团队更好地工作，你自己首先必须更好地工作。当你自己的工作技能得到改善，你就可以更好地帮助他人改善工作技能。你自己的工作积极性越高，你就越有资格帮助他人提高工作积极性。

问题：你有时对工作缺乏热情

如果你总是能充分发挥自己的潜力，当然再好不过了。这样团队就能完成更多任务，人们也会认为你很能干，工作认真。不

过，激励自己并不比激励他人更加容易。所以，你必须认真对待这个问题。

为了更好地激励你自己，你首先要研究导致你心不在焉的原因。

分析：你对工作的理解限制了你的努力程度

对于我们所做的工作，每个人都有自己的理解。现在请你在脑海中想象你在工作中的样子。如果让你在这张假想的图片下面写一个标题，你想写什么呢？这个由图片和标题组成的"框架"就是你对你所做工作的理解，它们描述了你的工作内容，暗示了你能做什么，不能做什么。在某种程度上，这个"框架"是由你在公司里的工作职责决定的。此外，你对工作还会有自己的看法。通常，这些看法会影响你的工作热情。

"我不想把我的人生浪费在这种事情上"

你之所以工作三心二意，可能是因为你不喜欢这份工作。你可能希望获得另一个职位。你可能厌倦了你曾经喜欢的工作。你可能想更改职业。你对自己说，这并不是你应该做的事情，于是你松懈下来。你不想把一份工作当成终身职业，这本身并没有问题。不过，你常常把这种想法当成借口。你可以寻找另一份工作，但是你不能对当前的工作敷衍了事。

"这份工作无法发挥我的才能"

我们很难对没有挑战性的工作产生兴趣。工作当然有可能是枯燥乏味的。如果你的工作仅仅是重复劳动，你甚至可能会讨厌这份工作。假如你的工作机器人也能做，你可能觉得你在别人眼里并不比机器人强多少。

如果你接受了一份不需要太多知识的工作，那么你很可能会讨厌这份工作，就像十几岁的孩子不喜欢婴幼儿的玩具一样。不过，没有人反对你为集体做出更多的贡献。除了分配给你的任务，为什么不承担一些具有挑战性的工作呢？短期来看，仅仅完成领导交代的任务的确比较简单，不过长期来看，你的工作职责会越来越少，工作能力也会越来越弱。

"我做的事情一点儿也不重要"

仅仅具有挑战性还不够。如果你的工作不重要，你就不愿意投入很多的精力。假如一个人撰写的备忘录只会被束之高阁，他在工作时就很难全力以赴。假如他的备忘录将在下次董事会上宣读，他一定会非常努力地撰写备忘录。所以，如果你觉得你的工作没有意义，你就不太可能积极工作。

解决方案：重新定义你的工作，使之具有挑战性，从而对你产生吸引力

不管你工作不用心的原因是什么，你都不应该等待他人来鼓励你。你应该自己鼓励自己。在实践中，你要养成习惯，不管做什么事情都应该全身心投入。当你全神贯注地工作时，即使这种状态只能持续很短的时间，你也会获得更高的工作效率和成就感。这并不是一个命令自己投入工作的问题。你的意愿不是命令出来的。不过，你可以通过做事来改变你的意愿。

你对工作的理解可能会影响你的工作热情。换一种理解方式，你可能又会备受鼓舞。下面是一些对于工作的看法，你可以看看是否适合你。

循序渐进地实现目标

一位刚从大学毕业的年轻女士有着出众的文笔，梦想成为一名小说家。为了生计，她找了一份撰写广告文案的工作。一天晚上，她向叔叔抱怨说，她的个人绩效评估出来了，结果非常不理想。"不过谁在意这些事呢？我并不想把我的人生浪费在说服人们购买更多洗衣粉这类事情上。"她说。

"如果你这样想，"她的叔叔回答道，"那么他们对你的表现不满意也就很正常了，你肯定也对你的表现不满意。你曾经说你

计划至少在这家公司待上几个月。在这段时间里，你可以学习如何使语言产生强烈的效果。你可以学习什么样的广告效果好，什么样的广告效果不好，哪些词语能震撼人心，哪些词语平淡乏味。如果你每天有几个小时沉浸在工作中，你会更喜欢这份工作。既然你选择了这份工作，你就应该竭尽全力把事情做好。"

这位年轻的大学生并不需要将目前的工作作为一生的职业。不过，她开始学着认真对待目前的工作。通过改变思维方式，她让这份工作变得更加具有吸引力。

你不应该问自己："这是我一生的职业吗？"你应该问自己："我是否应该在接下来的一个小时里做点别的事情？"如果你回答"是"，你就应该去做你想做的事情。如果你回答"不是"，你就应该全力投入眼前的工作中。你并不需要把所有的时间都花在这份工作上，也不需要把余生全部奉献给这份工作。不过，工作时，如果你能投入更多的精力，你就能获得更多收获，你也会更加喜欢这份工作。

目标越大，越难实现。你可以将目标分解开，一步一步完成。例如，你可以下定决心，将当天的工作或下一个小时的工作做好。

寻找机会充分发挥你的能力

从事没有创造性的工作是一件令人沮丧的事情。也许你的工作交给机器人来做也能做好。不过，你并不是机器人，你完全可以做一些工作要求以外的事情。

罗杰的父亲沃尔特·费希尔曾向罗杰讲述过他成为律师之前在一家管道供应公司工作的故事。沃尔特的工作是检查装在桶中的铸铁弯头和铸铁三通，将存在缺陷的弯头和三通挑出来。他觉得这份工作很无聊，所以决定根据缺陷类型对不合格的部件进行分类。在分类过程中，沃尔特注意到大多数缺陷都位于部件的弯曲部位，因此他用最快的速度把该做的工作做完，然后跑去查看制造部件的机器。之后，他向领导提出了重新设计铸模的建议。

可惜的是，他的老板经过计算，发现更改铸模的成本比请人分拣次品的成本还要高。随后，沃尔特将业余时间用在了另一项具有挑战性的任务上，即寻找一份更好的工作。他很快离开了管道公司。在那之前，他仍然在尽力让这份缺乏技术含量的单调工作变得更加具有挑战性，为雇主带来更多收益。即使一个十几岁的孩子手边只有婴幼儿玩具，他也可以研究为何某些玩具比其他玩具更加有趣。

不是每一份工作的效率和趣味性都能得到提高——有时挖沟工人能做的仅仅是挖沟而已。不过，即使是挖沟，我们也可以有所作为。

花时间为集体做出更多的贡献——即使这并不是你的分内工作。 要提高你的工作积极性，一个办法就是帮助同事解决某个问题。这是一个全新的挑战，可能会提高你的影响力。你可以接受一个新的任务，这个任务可能让你更加投入，更有效率。提高个人技能的最好办法就是帮助别人改善他们的技能。你可以主动将你的一部分技能传授给一位缺乏经验的同事。得克萨斯州的一位钢铁工人每个星期用一个晚上的时间和一个来自中国大陆的新移民同事相处。这名工人一边帮助同事提高英语水平，一边帮他学习某种机器的具体操作方法，一边听同事讲述发生在一个中国小镇上的有趣的生活故事。

将无人过问的工作当成你的工作。 斯图尔特在一家教师交流中心工作。教员们会将准备好的材料提交给交流中心，以供其他教员使用。多年来，该中心的工作仅仅是将材料副本邮寄给有需要的教员。关于如何提高交流中心的效率，斯图尔特绞尽脑汁。在和上级沟通以后，他积极征集材料，鼓励教师准备新的材料，以满足人们的需求。他制作并散发了材料目录，而且在批发商那里购买了当地教师撰写的书籍，然后放在交流中心以低廉的价格出售。他将不同科目的书籍分门别类，而且制订了市场策略。此外，他还把材料搬到了互联网上。在斯图尔特的带领下，交流中心成功实现了扭亏为盈。他很快被任命为交流中心主任。现在他已经被调到了其他地方，从事更有挑战性的工作。

每份工作都有需要完成的任务。不过，大部分工作职责说明并不会对工作内容进行限制。通常来说，让一份工作更有挑战性，最简单的方法就是将你力所能及、对集体有好处、对你自己也有好处的事情纳入你的工作范围。

你可能担心触及工作范围以外的事情会惹上麻烦。插手其他人的事务的确有风险，不过仅仅埋头于自己的工作风险更大。波士顿有一位年轻的女士希望成为心理医生，她在一家精神病院的儿童组当老师。她照顾的孩子们经常不守规矩。负责儿童组的两名心理医生整天待在办公室里做文案工作，只有她在外面维持秩序，让吵闹的孩子们平静下来。心理医生们说，处理这类问题不是他们的职责。后来，这家医院并入了一家大型医学服务公司。公司想要裁员。医院的新领导视察儿童组时，发现年轻的教师正在勇敢地制止孩子们的暴力行为，而两名心理医生仍然坐在办公室里。于是领导走进办公室，宣布这两名心理医生被解雇了。

假设你是部门经理，需要裁员20%。此时，你需要决定谁走谁留。你是想辞掉眼里有活的人呢，还是只做分内工作的人？对于员工来说，哪种做法更安全呢？

❂ 明确团队共同使用这项技能的图景：
每个人充分投入到工作中

你有时会松懈下来。同样，你也会看到其他人松懈下来。这些人可能是少数感觉自己受到排挤的人，也可能是整个部门或者一层车间里的所有工人。

在你决定如何鼓励他人投入工作之前，你需要研究人们为何不专心工作。

问题：在一起工作的人越多，人们不专心工作的风险就越大

当你一个人工作时，你会遇到无法专注于工作的问题。当许多人共同工作时，问题就更大了。此时人们不用心的原因有些和你独自工作时的原因相同：工作没有挑战性，或者工作效果好坏看上去并不重要。此外，由于人们在群体中的紧迫感不是很强，所以人们共同工作时还会出现新的问题。

有人感觉自己受到了冷落

"投入"一词有两种含义。它可以指参与某种活动，也可以指专注于一个目标、任务或想法时的情绪状态。这两种含义是紧密相连的。不管是打仗还是粉刷墙壁，当一个人和别人共同参与一项活动，他往往会专注于这项活动。如果在一个活动中受到冷落，尤其是在一个有趣或重要的活动中受到冷落，人们的工作热情往往会下降。

想调动人们的积极性，最重要的就是让他们自己制订工作计划。你之所以感到沮丧，一个重要的原因就是你觉得失去了对局面的掌控。执行他人的具体命令很少会像自由行事那样给人带来满足感。如果人们只能遵守命令，不能自由发挥，那么他们在工作中不会有很强的责任心。他们会想："让老板去操心吧。"缺乏责任感会导致人们表现不佳，而后者又会导致他们更加讨厌自己的工作。

我们把责任推给别人

在集体中工作与独自工作的一个区别在于，面对一项任务时，集体中的每个人都在等着其他人完成这个任务。在群体中，最常见的一个问题就是个人责任感不强。群体中的人越多，每个人的责任感就越小。每个人只管自己的一亩三分地，每个人都觉得其他工作自会有人处理。

医学研究显示，一个人心脏病发作时，如果他的身边只有一个人，那么他活下来的可能性是最高的。如果心脏病人周围的人很多，那么每个人可能都会等着别人伸出援手，他们会觉得别人更有资格帮忙。如果只有一个人在场，这个人别无选择，只能自己动手。组织里的情况也一样。如果每个人都袖手旁观，等着别人去行动，整个团队就会停滞不前。

为避免这种情况，团队会把不同的任务分派给不同的人。不幸的是，我们分配任务的方式本身也会产生许多问题。

我们对任务的分配存在问题

任务的分配常常是随意的。一个经理意识到他需要对一些逾期的应收款项进行跟踪。正当他考虑这件事，有一个下属来到他的办公室汇报工作。你不难猜测这份差事会落到谁的头上。

这种分配任务的方式可能并不是完全没有规律的。实际上，人们无意中使用了这样的标准——"当问题产生时，把它交给你身旁的人解决。"一旦我们把这条标准表述出来，我们就会发现它不太可能是最好的任务分配方式。类似地，我们常常会使用一些有问题的标准：

→ 把任务交给工作最努力的人。
→ 把工作交给抱怨最少的人。
→ 把需要在办公室里完成的工作交给最愿意待在办公室里的人，把跑腿的工作交给最不愿意待在办公室里的人。

这些标准对集体和个人都是有害的。它们无法指导你有效分配任务，因为它们既不会提高团队的效率，也不会把任务分配给最合适的人。相反，它们会引发一些不利于合作的行为，如对新任务的抱怨和抵制。抵制新任务的人可能会暂时过得很舒服，不过从长期来看，他们却失去了拓展技能和证明自己的机会。

另一个常见的标准"把每个任务分配给最擅长这个任务的人"听起来不错，实际上也有问题。按照这个标准，一个能力很强的人可能会接到过多的任务。在我们所熟悉的某家学术机构里，有个副主任就是这样的人。他是一位很有才华的作家和教师。在他的专业领域里，世界上没有几个人水平比他高。不过，他常常被叫去处理别的事情，因为他是办公室里最擅长处理电脑、计算账目、与大学管理部门沟通的人。其他人也能处理这些事情，只是不像他那么优秀。他在行政工作上的表现太好了，因此他并没有太多时间处理他所擅长的最重要的任务。这种情况之所以会出现，原因在于我们在团队中分配任务的方式有问题。

理想状态：每个人或几乎每个人都充分投入工作中

在理想状态下，团队中的每个人都能充分发挥出自己的潜力。每个人都认为自己的工作既重要又有趣，每个人都会发挥自己所有的能力把工作做好。我们可能无法做到让所有人都充分投入工作中，不过我们至少应该看一看哪些做法能让人们更加专注于工作。哪些做法有助于我们向着这一理想目标迈进呢？

尽量向每个人提供具有吸引力的角色

让别人专心工作比让你自己专心工作更加困难。组织一个团队的关键问题在于如何安排工作能在整体上提高每个人对工作的满意度。

我们都很关心工作的隐性价值。 人们对工作的投入程度取决于这份工作的隐性价值。首先,我们应该知道一份工作包含哪些隐性价值。

→ 尊重

同事对我们的看法会影响我们对自己的看法。如果每个人都认为自己的工作能够赢得别人的尊重,那么我们会变得更加快乐,工作也会更加努力。

→ 自主性

如果我们能够自由选择工作方法,我们就会对工作产生更强的自主意识,从而更加努力工作。

→ 影响

我们想知道自己的努力是有效果的。如果能看到、触碰到、测量、计算出我们的劳动成果,我们会获得更大的满足。

你应该努力为人们提供具有隐性价值的工作。一个人之所以与团队保持距离，通常是因为他感觉自己无法为团队做出贡献，或者团队不需要他的贡献。他的冷淡态度反过来又会导致其他人更加忽视他的存在。

领导者（或者横向领导者）需要解决的一个问题就是找出这种人所擅长的事情，并向团队提议设置一份能够用到这种能力的工作。

一位来自西非的军事参谋长参加了哈佛法学院的一个谈判课程。他非常善于调动每位同学在课堂讨论会上积极发言。老师们对此感到非常吃惊，问他是如何做到的。这位军事参谋长说："如果我手下有一个士兵不干活，而且战友们都不喜欢他，团队的前进速度就会慢下来，士气也会受到影响。这时，我会为这个士兵寻找一份特殊的工作。如果他跑得快，我就会让他把重要的信息送到前方的邮局去。如果他是音乐家，我就会提醒大家，我们需要为即将到来的国庆节创作一首歌曲。当大家看到一个人为团队做出贡献，他们就会对他更加友好。很快，这个士兵就会融入集体中。在课堂上，我会观察人们的一举一动，寻找他们感兴趣的话题。当我发现那些不爱说话的同学对当前的话题产生兴趣时，我就会请他们发言。"

不是只有正式的领导者才能想办法让孤立的团队成员重新融入集体。将军在自己的军队中拥有领导权威，但他在课堂上没有任何权力。不过,他还是成功地让不太活跃的同学在课堂上贡献出了自己的一份力量。

几乎每个人都有一定的专长。你不需要为了让人们感受到自己的重要性而让他们去做一些浪费时间和资源的事情。通常,你只需要动一动脑筋,寻找一些适合"新人"去做,而且符合团队利益的事情。实际上,我们很容易想出一些值得尊重的、有趣的任务,让人们贡献出自己的力量。

(本书的每一章都包含了一些这方面的理念。)

为每个人提供发表意见的机会

你可以请大家共同制订目标,共同思考,共同在实践中学习。假如你读过前面几章,那么这个建议对你来说并不陌生。不过,我在这里还要强调一遍。如果每个人都能参与到思考中,思考的质量就会得到提高。正所谓"三个臭皮匠,顶个诸葛亮"。此外,假如每个人都有发表意见的机会,那么每个人都会感到自己受到了尊重,每个人都会知道自己的思想是有价值的。如果他们在工作中需要用到自己的能力,尤其是思考和判断的能力,那么他们更有可能尽最大的努力去工作。

如果人们参与了目标的制订,那么他们就会努力实现这些目标。一个目标制订出来以后,参与制订目标的人很少会认为这个目标不合理。如果一个人参与了一项计划的制订,他就会努力实现这个计划。如果团队的全体成员共同参与了总结以往表现、制订改革计划的会议，那么他们更有可能接受新的工作方案。本书提出的制订目标、系统性思考以及在实践中学习的建议，最大的特点就是给每个人提供了发表意见的机会——当然，最终决策还是要由领导来制订。

一家英国职业足球俱乐部的教练通过总结，发现队员们没有对比赛给予足够的重视。他们对对手风格的变化反应很慢。其中，球队的当家球星最需要改变观念。这位球星在比赛中的主要目标是多进球。他对于战术、传球以及支援队友防守等方面并不关心。他只关心个人统计数据的好坏，并不在意球队的输赢。

教练决定让这位球星和其他队员更加用心地准备比赛。第二天下午，他把队员们带到了训练场地，将他们分成几个小组，给每个小组发了一个足球，然后让他们自己制订训练计划。队员们很不情愿地接受了他的命令。球星的反应很冷淡，但他也和三四个队员组成了一个小组，开始训练起来。几分钟以后，教练发现队员们已经完全投入新的训练中。就连"不听话"的球星也表现出了极大的热情，他不时提出建议，鼓励队员们努力训练。在接下来的比赛中，这位球星表现出了很强的团队精神，同时仍然保持着出色的进球能力。

大家共同承担分配工作的责任

为了让每个人全力以赴地投入工作，你可以让大家共同参与工作的分配过程。这样一来，没有人会仅仅考虑自己的职责，每个人都是团队的一部分，大家会共同努力把所有工作做好。

征求每个人的意见。 每个人都最了解自己所拥有的能力，每个人都知道哪种工作最能激发自己的工作积极性。分配工作的过程实际上是一种非正式谈判，这种谈判有三个目标：一是每个人都有能力完成他所分配的任务，二是每个人的任务都有足够的挑战性，三是每个人尽可能地投入工作中。分配任务时，大家可以提出问题，发表意见，或者主动提出他们想做的事情。

先把所有任务列举出来，然后进行分配。 为确保所有需要完成的工作都能完成，每个任务都要有人负责。每个任务不一定非得由负责人独立完成，因为这个人不一定拥有独自完成任务所需要的权力或资源。但是，负责人必须负起责任，确保这项任务有人去做，有人去完成。

通常，我们会把想实现的远期目标以及为实现这些目标所需完成的任务列举出来。然后，我们要保证每个人手中都有任务，每个任务都有负责人。

将整个项目的成败看成所有人的责任。 如果一个组织中的人经常把"这件事不归我管"挂在嘴边，那么这个组织很可能不会拥有光明的前景。明确分工的一个风险就是被人们当成推卸其他责任的借口。在最初开会制订计划时，人们不会考虑到所有需要完成的任务。随着时间的推移，新的问题和任务会不断出现。所以，你们必须提前说明，团队目标的实现是所有人的责任。最初的分工仅仅是最低要求，不是最高要求。

使用更好的标准来分配工作

征集工作分配意见的一个风险就是人们可能会提出对他们有好处但是对团队不利的任务分配方式。每个人都想去制订远期计划，没有人愿意倒垃圾。每个人都想争取新的客户，没有人愿意解决现有客户的投诉。经常向大家征求意见的做法并不会降低领导的决策权。工人拥有了提出建议的机会，但是最后领导还是要根据组织的整体利益制订决策。只是和以前相比，领导拥有了更多参考意见。

此外，如果人们理解制订决策的标准，他们就会在分配工作时将这些标准考虑进去。当哈佛大学谈判项目组开设谈判研讨班时，他们请了一批法律系学生担任助教。这些助教需要每两个人组成一个小组。课程讲师需要解决的一个问题就是如何为助教配对才能让他们更加有效地工作。学生们最初想和最要好的朋友组队。教员则提出了有利于项目的标准：同组的两个人至少要有一个人有经验；两个人的工作风格要相互协调；此外，两个人还要具有一定的差异性。然后，教员请同学们自己选择合作伙伴。结果，这些助教每次提出的人选都满足上述要求，最终的分组结果并不比教员自己制订的分组方案差，甚至比教员的方案还要好。每个助教都对自由选择同伴的分组形式感到满意，而且因为得到对方的认可而感到高兴。同样的道理，如果让工人根据事先规划好的标准提出分配工作的建议，那么他们会感觉工作是自己选择的。这样一来，他们就会更加努力地工作。

不同的组织需要根据不同的标准来分配任务。下面列举一些分配任务的基本标准。

将工作分配给能够完成任务的最小群体。接受每项任务的团队人数较少，整体效率可能是最高的。每个小组的人数应限制在一定范围内，以保证小组成员充分投入工作中。

将工作交给胜任这项工作的、级别最低的员工处理。在实践中，许多日常工作的最终负责人常常亲自去执行这些工作——管理人员常常需要为迎合某位客户而操心。通常来说，更好的做法是把任务委托给下级员工处理。领导把任务委托给下属，并不意味着下属有权做出与这项工作相关的所有决定。他只能按照领导事先的规定行事。当他遇到新情况或无权处理的情况,必须请领导亲自处理或给予指导。领导给予下属的指导意见取决于这个下属的能力。如果下属对领导交代的任务了如指掌,那么领导并不需要对他进行详细的指导。领导应该把想要实现的结果告诉下属,让下属自己去实现。

给每个人分配他能胜任的最重要的任务。如果把每一项任务都交给最有能力完成这项任务的人,那么一个能力很强的人可能会被琐事缠身。实际上,他应该从事更有难度的工作。更好的做法是把每个人能够处理的最重要的工作分配给他。这样一来,每个人都能为团队做出最大的贡献。

我们有时可能无法同时满足上述标准。例如,你可能只需要一个人去谈一笔生意,但是团队中有三个人都擅长谈生意,而且谈生意是这三个人能够处理的最重要的工作。不过,你还是应该尽量遵守这些标准,因为这样会让你们获得更好的结果。

⬇ 如何带人:
营造努力工作的氛围

你可以把改善团队合作当成你的任务

作者建议给每个人提供一份适合他的能力、能够激发斗志、值得尊重的工作。现在，我们就为你提供这样一份工作：改善团队的合作方式。你对目前的工作感到厌倦吗？这个任务绝对既新鲜又刺激。你担心这份工作不重要吗？如果你能改善团队成员的交流方式，那么你可能会成为公司里最重要的人。首先，你可以帮助同事培养一些习惯，让他们更有干劲，对工作更加投入。

提供分析：人们目前的角色限制了他们的责任感

回忆一下前面提到的那支懒散的足球队。假设教练无法激发球队的热情，如果你是替补后卫，是一个没有影响力的普通队员，你能做什么呢？你可以找到教练，提出你对于队伍缺乏积极性这一现状的分析。

你：能占用你一点时间吗？我想提个建议。上次比赛之后，你说大家没有对场上的战术进行足够的思考。

教练：这么说你思考过了？你是想让我把你放在首发名单上吧？

你：我是有这个想法，但现在我想说的不是这件事。我在想，为什么我们在场上不动脑子？我觉得在每场比赛的赛前和赛后，你都在替我们思考。你观看比赛录像，把你发现的问题告诉我们。你设计训练内容。我们什么都不需要考虑。等到我们上场时，我们还在等着你来替我们思考。

教练：你说得似乎有点道理。

你：你能想到其他原因吗？可能还有别的原因。

如果情况进展顺利，此时教练就会开始思考这些问题，研究解决办法。如果他没有这样做，你还要进一步引导他。

询问解决方法："如何让大家对工作更加投入？"

如果你找到教练，告诉他应当采取的做法，他很可能会认为你在命令他。如果他把注意力放在如何让你回到自己的位置上，你就失去了改变团队现状的机会。你应该把自己想象成领导的心腹，以提问的方式来引导教练，而不是直接告诉教练应该怎样做。

你：我知道你一直在强调大家在场上要多思考。为此，我想首先应该让我们在场下思考。为了训练我们的头脑，我们应该如何做呢？

教练：我想我可以给你们每人发一卷比赛录像，好让你们在总结会之前看一看。你觉得大家会认真看比赛录像吗？

你：至少我会。我想如果你告诉他们观看比赛录像的好处，那么他们都会看的。我们还可以如何做呢？

教练：嗯……赛后我们可以先让他们谈谈对比赛的印

象，然后我再把我的看法告诉他们。

你：如果我们有机会发言，那么我以后就不会缺席赛后总结会了。这真是个好主意。谢谢您的指导。

教练：不客气。

如果教练无法回答你的问题，你就可以把你的想法告诉他。如果教练的回答无法让你满意，你也可以把你的想法告诉他。然后，你就可以回去接着训练，让他来决定如何行动。

执行：先征求别人的意见，然后再做决定

几年前，一艘英国油轮在波斯湾发生了故障，而修复轮船所需要的备用零件又被船员忘在了英国。此时，船长可以向伦敦发信息求助，让他们用飞机把零件送过来，但是这样做既耗时又不经济，而且非常令人尴尬。船长在绝望中召集了一些下属，把目前的情况告诉了他们。结果，平时一直不声不响的无线电话务员向船长报告了一个好消息：一个乘务员刚刚收到了他哥哥发来的电报，他的哥哥目前正在乘坐一艘与该油轮型号相同的油轮。由于临时修改计划，这艘油轮现在也在这一海域。听到这个消息，船长马上向对方船长发了电报，结果对方油轮上的确有他们需要的备用零件。两艘油轮会合以后，问题很快就解决了。

如果你邀请别人向你提出建议，他们就会觉得自己受到了赏识和尊重。这样一来，他们就会更加努力地工作。同时，你还会获得宝贵的建议。

在他人的建议中寻找闪光点

我们都知道，人们常常对别人提出的建议置之不理。这样一来，提建议的人一定会感到灰心丧气，不再向别人提出建议。所以，你应该首先假设他们的建议是有用的。如果你看不出来这些建议的用处，你应该请他们自己来解释。

花时间询问别人的意见是值得的。每当罗杰的妻子卡罗琳向别人许诺罗杰一定会参加某个宴会而罗杰本人又不想参加时，他就会提到一个口号："'先询问后决定'——做决定之前一定要先问一问别人的意见。"卡罗琳想了一会儿说："'先询问后决定'的结果就是什么事情都做不成。"和别人沟通的确需要花费时间。在有些情况下，你并没有时间去沟通。如果厨房着火了，你不能把家人召集到一起，询问他们的意见。不过，在大多数情况下，你还是能挤出时间的。如果你花时间与他人交流，那么他们往往会使用更好的工作方法，更加努力地工作，取得更好的结果。最终，你很可能会节省更多的时间。

寻求建议会让你看上去更有能力。你可能不愿意向他人寻求建议，因为你担心这样做会显得你没有能力。一个经理可能不愿意向下属寻求帮助，担心这样做会失去下属的信任。人们对个人英雄主义存在一定的浪漫情结。电影中的英雄常常一个人独来独往。如果我们向别人寻求帮助，那么在别人的心目中，我们可能会失去英雄的形象。

不过，如果别人向你寻求建议，你很可能不会因此而轻视他们。实际情况恰恰相反。爱德华·M.肯尼迪首次当选为美国参议员后不久，就向落选的竞争对手索要了他的学术顾问"智囊团"名单。有一年冬天，肯尼迪被暴风雪困在了波士顿，于是他给这个"智囊团"中的一位教授打电话，问他是否能抽出一个小时的时间跟自己见一面。到了哈佛以后，这位参议员才意识到，他并不知道他要见的教授是哪个领域的专家。肯尼迪并没有灰心，他向教授提出的第一个问题是："您觉得我应该问一些什么问题呢？"这位参议员在教授面前并没有失去自己的身份。（罗杰当时感觉肯尼迪相当聪明。）大多数人都是这样。我们希望人们看到自己帮助别人的样子，不希望人们看到自己需要帮助的样子。

不要让他们控制你。你可能不愿意与他人交流，因为你怕他们把自己的意见当成金科玉律。如果你就你的婚礼计划向母亲征求意见，她可能会详细指导你如何去做。当她看见你没有严格遵守她的建议时，她会非常不高兴。如果你向同事征求意见，你可能会遇到相同的情况。征求意见很容易被理解成授权。你应该事先说清楚，你向对方征求的意见不一定会得到执行。

有很多事情是你不知道的。我们从来也不知道有多少事情是我们不知道的。例如，前面提到的油轮船长并不知道乘务员知道什么。我们只能推测其他人能够做到的事情，而且这种推测常常是错误的。

一家加拿大集团公司的董事长在集团内部的职位如火箭般上升。他说，他最大的经验之一就是认识到他之所以能当上董事长，不是因为他知道问题的答案，而是因为他知道如何寻找答案，而且能够判断出哪些方案好，哪些方案不好。他说，随着职位的提升，他的工作从命令下属逐渐转变成了询问下属。

和其他提高人们参与度的方法一样，"先询问后决定"的方法有两个目的。它不仅能让我们拥有更多可以利用的理念和才能，而且往往可以提高被询问者对工作的专注程度。

7　反馈的艺术：不断提升团队工作效率

我们能够取得的成绩取决于我们对资源的使用是否充分。当我们与他人共同工作时，我们有很多机会互相帮助，从而提高我们的技能，增加我们可以使用的资源。我们能够很容易评价别人的表现，但是对自己的工作很难做出判断。所以，别人提出的意见对我们的帮助很大。棒球选手自己看不到球棒——尤其是当他的注意力集中在投手身上时——所以他需要一名队友检查他的侧翼是否有问题。此外，不同的人拥有不同的技能和经验。我们每个人都知道其他人不知道的一些办法。如果这些技能和经验汇聚到一起，就能形成一股强大的力量。

如果你的团队成员能够实现有效的反馈，你们的工作效率就会得到极大的提高。想鼓励别人更好地提供和接受反馈意见，你可以先从自身做起，然后想象一下所有同事积极提供和接受反馈时的理想状态，最后努力把这一理想变成现实。

培养一项个人技能：
学习如何通过提供反馈来帮助别人

问题：有能力帮助同事时，我们没有伸出援手

既然提供反馈能给我们带来好处，我们在工作中就应该随时交换意见。不过我们知道，在实践中，我们并没有做到这一点。当法律系学生在大公司经过一个夏天的实习回到学校后，他们常常会抱怨自己在工作上几乎没有得到同事的指导和反馈。资历较浅的咨询师、投资银行家、销售代表、经理也都遇到过同样的问题，职位较高的人则常常抱怨下属对他们的努力工作不加理睬或者不懂得感激。

实际上，我们可能都知道，这种情况之所以会发生，是因为我们很少花时间帮助别人。我们看到同事或老板犯错误时不愿意指出他们的错误，也不愿意告诉他们更加有效的做法。我们总是想要说点什么，甚至会提醒自己不要忘了这件事。结果时间一天天过去，我们始终没有把话说出来。我们总是想先去做别的事情，把帮助别人这件事留到以后处理。结果，我们既没有帮助别人学到什么东西，也没有给予他们足够的支持。这是怎么回事呢？

肇因：我们之所以不愿意提供反馈，是因为我们缺乏有效反馈的技能

你之所以不愿意帮助同事，很可能不是因为懒惰。你可能也曾努力过，但你提出的建议并没有得到采纳。也许对方还会被你的话激怒，他可能会反过来指摘你的缺点。所以，你们现在彼此相安无事，谁也不会提出可能引起对方不快的话题。

如果你想改善自己提供反馈的能力，你首先要明确自己的目标。假设你看到同事、助理或者老板正在工作，你想要提出自己的意见。此时你的目的是什么呢？你是想鼓励他，还是指出他的错误？你是想对他做出评价，还是对他的优秀表现提出表扬，抑或制作一份进度报告？

通常，你此时很容易批评别人。从以往的经验来看，你批评别人时，他们不太可能真心接受你的意见，所以你可能想提出"建设性批评"。不过，"建设性"与"破坏性"之间的区别并不是问题的本质，真正值得商榷的是"批评"本身。"批评家"是一群做评判的人，他们仅仅是对某部电影或某家餐厅做出"合格"或"不合格"的判断而已。批评家的作用是帮助人们决定一部电影是否值得观看。你不是批评家，无法置身事外。你还要继续和助理、同事、老板在一起工作。你很难保证今后不再和他们共事。因此，你应该努力改善他们的工作方法。

解决方案：将感谢、建议和评价区分开

提供反馈时，你希望你的反馈能帮助你和同事完成更多工作。想做到这一点，至少有三种不同的方法可以选择。你应该根据不同的目的提供不同的反馈。

→ 鼓励对方，提升士气

此时，你的目的是改善同事对待工作的态度，激励他们努力工作。

你希望他们有信心完成艰巨的任务。你希望他们每天上班时精神饱满。你希望他们知道别人注意到了他们的工作并因此获得满足感。这样一来，他们就会更加努力地工作，更加为团队着想，把工作做得更好。

→ 帮助他们提高技能

此时你的目的是帮助同事更好地工作。你想让他们总结经验——包括他们的经验和你的经验——以便下次做得更好。你无法强迫同事做到这一点，他们的行为是由他们自己控制的。你应该向他们提供想法和建议，供他们采纳。

→ 制订人事决策

领导可能需要一份人员评估，以决定谁得到提升，谁获得奖金，谁需要更多培训，谁应该被解雇。你可能需要提供一些资

料，帮助领导合理地制订这些决策。你应该把你的评估结果告诉被评估者，以便让他们知道自己在组织中的表现并获得改善的机会。

你需要使用不同的方法来实现这些不同的目的。因此，在不同的场合，你至少应该掌握三种不同类型的反馈：

→ "感谢"是把你对他人努力工作的感激和赞许之情表达出来。这是一种情感上的表达，目的是满足对方情感上的需要。
→ "建议"（或"指导"）是指出你认为对方的哪些具体行为应该坚持，哪些应该改变。此时你的关注点是评价工作而不是评价人。
→ "评估"是根据一组明确或默认的标准以及其他人的表现与对方的表现进行比较做出评价。

我们通常不会仔细考虑我们提供反馈的目的，因此我们并不知道自己提供的反馈属于哪种类型。如果你缺少一个清晰的目标，那么也许你提供的反馈不仅无法帮助同事，而且还会影响他的表现。一位社会工作者在向一群专业人士就流浪儿童的情绪困扰检测问题发表重要演讲之前，在几个同事面前进行了排练。同事们认为她讲得不错，但是觉得她很紧张。为增强演讲者的自信，他们对她说："讲得好极了，非常完美。"对这位社会工作者来说，增强自信的确很重要，但更重要的是改善演讲效果。听朋友们的话，她认为自己已经不需要做出改进了。这样一来，她就失去了改善演讲效果的机会。

其实，这位社会工作者的同事可以这样说："我很喜欢你的演讲。我想你的听众也会喜欢你的演讲。如果你愿意，我们可以花点时间，让你的演讲效果变得更好。"

你应该养成习惯，在提供反馈时弄清自己的目的，并选择与该目的相适应的反馈类型。

区分不同的反馈类型

我们很难同时实现两三个不同的目的。大部分人的注意力都是有限的，尤其是面对个人表现评估这类敏感问题时。例如，一位大学教授花了大半个周末的时间为一个同学的论文写了详细的评语。这个同学收到论文后，首先翻到最后一页查看评分。如果评分是 A，他会非常高兴。如果得了 C，他会一天都没精打采，抱怨评分不公正。不管是哪种情况，他基本上不会花时间认真阅读教授在评语中提出的建议。改进建议往往会淹没在评分带来的情感冲击中。

最好不要同时提供不同类型的反馈。至少,你应该在转换反馈类型时做出明确说明。这样做的最大好处是可以避免评价别人时给人带来的焦虑感影响建议和感谢的效果。在大多数情况下,评估对别人的帮助作用最小,最有可能对其他两种反馈造成不利影响。

把你的目的告诉对方

一位先生早早下班,专门为妻子制作了一顿晚餐。妻子吃饭时,第一句话就是"我感觉这个酱汁里的辣椒放少了"。这句话可能会让丈夫把酱汁扔到她的脸上。实际上,妻子是在回答"她的丈夫应如何提高厨艺"这个问题,而丈夫想听的却是"她是否对我的辛勤劳动表示感激?"他并不知道妻子这么说的目的是什么。她是想出去吃吗?她是遇到了不开心的事情吗?她是想伤害我的感情吗?

你应该说明你想提供的反馈类型,确认对方是否愿意接受,这样做是很有意义的。"根据我对你工作的观察,我想提出一些建议,你可以看看这些建议是否适合你。这样可以吗?"如果你征求对方的许可,对方就会做好心理准备,不会感到惊讶。这样一来,你就可以让他们主动接受你的指导,而不是被动忍受你的说教。

具体做法：提供有效反馈的几个技巧

上面讲述了提供反馈和改善反馈的基本原则，下面介绍一些具体观点和建议。

将你的感激表达出来，以提高人们的积极性

人们在一个团体里工作时，有时会担心自己被排除出这个团体。为此，我们可以经常向别人表示感谢，以缓解他们的恐惧感，提高他们的工作积极性。通过感谢，我们知道自己属于集体，自己是重要的，自己的努力和贡献得到了理解。因此，表达感谢时，你应该针对对方这个人而不是他的行为道谢，这样他会更受感动。"你给我留下了很深的印象。""很高兴与你合作。""你是团队的宝贵财富。""我认为你非常出色。"

尽早感谢，经常感谢。感谢别人是没有时间限制的。你应该随时花费片刻的时间去感谢别人，以改善他们的心情，提高他们的工作效率。这么做的成本很低，收获却很大。你只需要花一分钟的时间，去某人的办公室说一句"谢谢你，辛苦了"，就可以提高他们的工作效率，让他们以后更容易与你相处，更容易接受你的建议和指导。

你可以通过表达自己的感受来影响他人的感受。感谢的目的是改变他人对工作的态度。为此，最迅速、最保险的方法就是将你自己的态度表达出来。

人们对感谢的需要是一种情感上的需要。每个人都会担心别人瞧不起自己。不管是刚刚入职的新人，还是资历很深的老手，都会面临这个问题。有时，即使是非常优秀的人也担心没人尊重他们。这是对旁人主观意见的一种主观性恐惧。因此，表达感激最直接的方法就是让别人理解你对他的主观感受。

→ "你的工作让我很满意。"
→ "和你共事是我的荣幸。"
→ "有你在办公室解决问题，我就可以放心地出门了。"
→ "你的努力工作给我留下了很深的印象。"
→ "我理解通宵工作的辛苦。"

通过述说你的感受，你可以向人们传达这样一个信息：拥有情感上的需要是很正常的，并不会削弱一个人的力量。毕竟，在职场中工作的人并不是机器。

将你的感受告诉别人是有风险的。他们可能会发现你在欺骗他们。因此，你首先必须整理自己的想法——你必须对你所谈论的内容获得真切的体会，并仔细考虑这些话语可能产生的影响。

寻找闪光点。你可能会说:"如果我对他们的表现不满意,我如何向他们表示感谢呢?这样做不会显得虚情假意吗?"

当人们工作顺利,你很容易对他们表示感谢。那么,如果人们的表现很糟糕,你应该怎么办呢?有时,混乱的局面并不是当事人造成的。一位糕点师刚把蛋奶酥放到烤箱中,烤箱电源就发生了故障,这显然不是糕点师的问题。不管结果如何,你应该对他付出的努力给予肯定,并对他的遭遇表示同情。

最近,有一个人在马萨葡萄园岛的滔天巨浪中溺水而死,他的家人请当地报纸帮他们找到当时冒着生命危险跳到海中试图搭救他的过路人。他的家人尽管非常悲痛,但也想当面对这位好心人付出的努力表示感谢。即使结果不理想,人们也可能在努力过程中投入了心血和勇气。

此外,糟糕的表现还有可能是缺乏技术、缺乏经验、缺乏力量等原因造成的。不管结果如何,我们都应该对人们付出的努力给予诚挚的感谢。即使有人工作不认真,你也应该将一个人的价值同他的努力、表现和取得的结果区分开。

不久以前,下了一场大雨。一位先生在下雨前就把院子里玻璃桌子上的大遮阳伞收了起来。妻子建议他把桌子搬到室内,以免狂风掀翻桌子,打碎玻璃。丈夫觉得为这件事冒雨不值得,因为以前桌子也被掀翻过，而且并没有造成任何损失。结果第二天早上，他们发现玻璃桌面已经摔成了无数碎片，散落在孩子们经常光脚玩耍的草坪上。

在这个例子中，丈夫既没有付出努力，也没有获得良好的结果，不过此时妻子没有教导他下次应该怎样做，而是明智地给了他一个拥抱，因为她知道，面对糟糕的局面，丈夫更需要理解和支持。

当一个人知道自己的表现不理想，你就不应该再去揭他的伤疤。你应该同情那些对失败负有责任的人："伙计，我知道你的感受，我也做过同样的事情。只要把这类事情当作教训牢牢记住，下次就不会犯同样的错误了。"

你不应该对别人提出不切实际的表扬，应该找到别人身上真正值得称赞的地方。即使很难找，这样做也是值得的。如果找到了，你就应该如实地对别人提出表扬，这种情感上的鼓励会让人们获得继续努力的勇气。如果他们希望不断取得让你满意的结果，那么他们首先必须知道这种结果是有可能实现的。

提出建议以改善人们的表现

提供建议或指导的目的是帮助别人提高技能，开发潜力。你应该侧重于对人们的工作内容和工作方式进行指导。你的目的不是说明你比别人更聪明。你并不是在同别人争夺利益。"我想你应该去倒垃圾（这样就不用我倒了）"并不是指导。真正的指导应该是："如果你想倒垃圾，我有个主意可以帮到你。"当你的指导能够满足对方的需要、帮助他们更好地工作，这种指导是最有效的。

表达感谢针对的是人："谢谢你的帮助。"指导则相反，对事不对人的指导是最有效的。你应该谈论对方可以选择和避免的具体做法，你的关注点应该是如何在不同工作方法中做出选择。

当你就事论事，对方不会产生很强的抵触情绪。如果你关注如何改进工作，而不是如何改变人，那么你可能会获得更好的效果。最理想的状态是两个同事讨论为完成一个目标应该采取的不同方法——就像两个垂钓者研究哪种鱼饵能钓到更多的鱼一样。你们的比较对象应该是当事人正在使用的工作方法与其他可以选择的工作方法。

采取对话的形式。说教并不是最好的指导方式。当你提出意见，你应该知道，自己只是一个旁观者，也存在缺陷和偏见。和别人一样，你的知识、技能和洞察力并不完美。

首先，你应该向对方提问。你不仅要提出自己的观点，还要了解对方的想法。如果你想对人们的做法提出建议，你必须先弄清对方想要做什么。一位年轻的军官曾担任一位将军的副官。有一次，两个人在回顾一场刚刚结束的会议时，年轻的军官向上司提出了详细的建议，指出他应该如何帮助团队中的一名顾问在这类大型会议上更有效率地发言。将军打断了他的话："我并不希望他在这次会议上给人留下良好的印象。我希望看到他像个白痴一样不停地说下去，这样大家都会知道我要开除他的原因。"显然，年轻的军官提供的建议并不符合将军的意图。想提供良好的建议，你必须知道对方想做什么。

关于提出建议的时机，最好的建议通常来自接受者。你可以告诉他你想要提出一些建议，问他什么时候合适。这样，他就会觉得接受指导是自己做出的选择，从而更有可能接受你的指导，你也有机会在效果最好的时候提出建议。遗憾的是，对于有些人来说，你永远也找不到提出建议的良好时机。此时，你至少应该让他们听到你的建议并加以考虑。

你的同事可能在某些方面特别需要你的指导，如果你能了解到这一点，你就能更好地帮助他。他如果想在这些方面有所改善，就会认真听取你的意见，努力改变自己的行为。此外，你还应该考虑到指导对象的个人偏好。一个法学院的讲师经常请学生和听课老师提意见，并请他们等到每周的课程结束以后再把意见告诉他，以免他因为分心而无法正常授课。

你向别人提出意见时，不妨先问问对方如何看待自己的表现，如何改善自己的表现，这样做通常是有好处的。"我想向你提出一些建议。在此之前，我想先听一听你对于改善自身表现有着怎样的看法。"假如他的观点和你想要提出的建议相同,那就再好不过了。这样一来,他就会把这个观点当成自己的想法,从而更愿意改变自己的行为。

当你向一个人提供建议或指导时,你是在帮助他改变自己的行为,而不是替他改变行为。自己的行为最终还是要由自己决定的。即使对方是你的下属,你也不可能整天监视他。当你想要改变别人的行为,只有让他们自愿做出改变,你才能获得成功。

对有效的工作方法给予肯定。与其将对他人工作的观察分成积极的观察和消极的观察,不如将人们的工作方法分成有效的方法和有待改进的方法,这种区分方式更加有用。因此,你在提供反馈时,并不需要对对方的表现进行评估("表现不错"或"有待改进"),你只需要对对方有效的工作方法给予肯定,并对有待改进的地方提供具体的指导意见。对别人的表现发表意见时,你可能只关注那些存在问题、需要改变的地方。俗话说得好:"出头的钉子挨锤子。"你不太可能注意到那些一步到位的钉子。人们往往会忽视正常的工作表现,忘记对它们给予评价。

人们从成功中学到的东西并不比从失败中学到的东西少。有能力的人常常无法说清他们的强项在哪里。如果有人指出一场演出的成功之处,那么演员更容易把成功的演出复制下来。此外,他们还可以从中总结出一般性的原则,运用到其他演出中。

提出建议时，你应该尽量采用积极肯定的形式。你最好说"尽量这样做"而不是"尽量别这样做"。两种说法具有相同的含义，但第一种说法的语气较为柔和，而且更加有效。如果你满脑子都是不应该做的事情，却不知道你应该做什么，那么你可能会反复去做你不应该做的事情。我们都知道，如果你告诉一个人不要去想大象，那么他一定会下意识地违反你的命令。

同帮助别人纠正错误相比，采取帮助他们延续成功的策略有以下几个好处。首先，对方知道他能够将你所提出的建议变成现实，因为他刚刚已经做到了这一点。其次，他会更有自信，因为他至少能将一部分工作做好。最后，他知道你看到了他工作中优秀的一面，不太可能担心你对他有意见。

对需要改变的地方提出建议。仅仅依靠积极的肯定是不够的。你还需要指出别人应该做出改变的地方。有时，你只需要把你不满意的地方告诉他，让他自己想出更好的解决办法。不过，仅仅提出批评却不提供可行建议的做法可能会起到相反的效果，尤其是当对方没有时间想出替代方法时。

艾伦几年前看过一场足球赛，由一支英国顶级球队对阵一支级别很低的球队。比赛中，足球横向穿过顶级球队球门前的区域，并被对方球队争取到了一个角球。队长认为守门员作为经验丰富的国际球员，理应果断出击，拿到皮球，清除任何潜在的危险。因此，对手准备开角球时，队长还在愤怒地指责守门员，批评他不该犯刚才的错误。角球开出来以后，守门员的耳畔大概还回响着队长的批评，他跑到了离球门很远的地方，想要接住皮球。结果他失败了——对方取得了一个进球，而且凭借这个进球赢得了比赛的胜利。在旁观者看来，如果不是因为队长的批评，守门员几乎不可能跑到离球门那么远的地方去接球，对方也就不可能获得进球。队长只图自己的口舌之快，影响了守门员的正常发挥。

当对方有时间思考时，具体的建议更容易让他做出改变。你可能会跟别人说："我觉得你在找人实践之前就把这份计划作为最终版本确定下来的做法是非常草率的。"这种说法通常会引起人们的抵触、辩解甚至反抗。相比之下，提出具体的建议可以获得更好的效果："我发现，不管我的计划制订得多么清晰，我都应该找人实践一下。经过实践，这些计划中隐藏的问题就会暴露出来。所以如果时间允许，我不会让大家执行没有经过实践检验的计划，而且我会尽量多花一些时间去检验这些计划。"同样是提建议，"我觉得你这样做更好"比"你这么做是错的"更有用。

不要一次提出过多的建议。假如你在下属的表现评估中写下20项需要改进的条目，那么他能在工作中记住其中的几条就不错了。此外，如果需要改变的内容太多，人们就会产生恐惧感，失去改变的勇气。当你提供口头反馈，通常一次只能提出两三个建议。在你提出更多建议之前，应该先让对方将你已经提出的建议付诸实践。

例如，本章提出了许多建议，读者不可能通过一次阅读将它们全部掌握。我们给读者的忠告是：不要试图一次把所有事情做好。你可以每次只接受几条建议，等你把这些建议消化以后，再去接受新的建议。提供口头建议时，对方不可能把你的建议像书一样存放到书架上随时查阅，所以口头提出的建议一定要简单。

分享具体数据和思路。我们提出的建议常常很笼统，不具有实用性。杰夫和艾伦在一家移动电话制造商的销售部门工作。他们刚刚与一位潜在经销商进行了一场会谈。

杰夫：你觉得刚才的会谈怎么样？你有什么建议吗？

艾伦：你的表现真不错。你应该把这种势头保持下去。只有一件事需要注意——你应该对这些家伙强硬一些。不要让他们觉得他们能得到比其他经销商更好的条件。当你做出这样的承诺，你实际上是在大把大把地往外扔钞票。

杰夫：是的，不过这对我们来说真的是一笔很大的订单，我得确保……

艾伦：正因为是很大的订单，所以我们才需要保住利润。在这一点上，大型经销商比小打小闹的经销商重要得多。

杰夫：好的，我会记住的。

你的指导意见越笼统，越有可能被当事人看成对他的指责，而不是对其行为的专业分析。在上面的例子中，杰夫没有认真听取艾伦的意见，而是研究如何为自己辩护，这一点儿也不奇怪。你的目的是帮助对方更好地工作，所以你的反馈越具体越好。告诉某人"干得不错"并不能让他知道哪些做法应该坚持。具体的反馈能让人们理解他们在你眼中的表现，以及你欣赏这些表现的原因。这样一来，他们更容易接受你的意见。此外，他们还可能提供你所忽视的信息，或者向你解释他们的动机，从而改变你的想法。你要记住，你的目标不是找到正确的方法，而是找到更好的方法。通过分享具体的信息，你们可以齐心协力，共同找出更好的方法。

上面的对话也可以这样进行：

杰夫：你觉得刚才的会谈怎么样？你有什么建议吗？

艾伦：你刚才营造了轻松舒适的谈话氛围，真让我吃惊不小。比如说，经销商问到为什么我们的产品比竞争对手贵时，你给出了好几个理由，还举了例子。这说明你具备谈论重大问题的能力，而且能够鼓励经销商向你坦承他所关心的问题。

杰夫：谢谢你的夸奖。和你共事是我的荣幸。

艾伦：我还有一个建议，不知道你想不想听。

杰夫：当然想听，请讲。

艾伦：你还记得你对价格保护政策的解释吗？如果我们降价，经销商的库房中还存放着以原价购进的货物，我们就要给予补偿。

杰夫：记得。

艾伦：我记得你当时说"我们通常不会提供超过30天的价格保护"。你的口气非常含糊，这让我很吃惊。我想这就是对方要求我们把价保期限延长到90天的原因。你为什么要使用这种语气呢？

杰夫：因为这毕竟是一笔很大的订单。我不希望经销商因为价格保护问题而选择我们的竞争对手。我不想在这个问题上冒险。

艾伦：没错，如果在价格保护问题上让步能让我们留住这个客户，这么做当然是正确的。不过我想我们也许可以用30天的保护期限跟他达成交易。我的建议是用坚定的语气把这笔生意以最好的面貌呈现给他。如果他要求延长时间，我们可以再谈。比如，你可以这么说，"我们向所有经销商提供30天的价格保护。据我们所知，这是行业内最长的保护期限。有的制造商只提供15天的价格保护"。如果他要求延长时间，我们可以询问他的目的，并研究如何满足他的需要。

杰夫：好的。不过如果他知道我们有时会破例，我们又该怎么办呢？

艾伦：你可以这样……

提供具体的反馈的确需要花费更多的时间和精力，而且需要我们留心记住对方说过的话。不过，这样做可以帮助人们更好地掌握某种技能，从而免去为他们纠正错误和进一步指导的麻烦，长期来看，可能会节省更多的时间。

仅仅在需要时评估

一个经理经常需要决定提拔谁、试用谁、解雇谁。此时，他常常需要收集普通员工的意见。这些普通员工与考察对象之间的距离比经理近，因此他们的判断更加准确。根据某项标准或根据别人的表现对一个人进行评价并不是帮助他进步的最佳途径。如果你只是宣布某个人在团队中表现最差，那么他并不会获得与改进有关的任何信息，他的工作热情几乎注定会受到影响。如果你告诉人们他们是最棒的，却不告诉他们哪些地方应该坚持，哪些地方应该改进，他们可能会因此而松懈下来。

人们经常会犯一个错误，那就是把所有反馈全部看成评价。我们有时需要通过评价让人们清醒过来，督促他们更加努力地工作。杰夫曾经请一个高级谈判研讨班上的12名法律专业学生对他们的助教能力进行匿名排序，以确定助教人选。这些学生不能串通，不能协商。结果有11个人都把某个学生排到了最后一名，只有一个人把他排到了第一名。显然，这一个人需要对自己的行为进行诚实度测试。

明确团队使用这项技能的图景：
大家相互支持，相互指导

通过使用上面介绍的方法，你可以获得提供帮助和寻求帮助的技能，从而不断提升自己和同事的工作能力。在一个组织中，我们希望营造一种互相帮助的氛围，大家共同学习，共同进步。不过，如果你曾在一家企业中工作过，你可能对另一种氛围更加熟悉：每个人对别人的事情不闻不问，直到局面发展到无法收拾的地步。

在一个组织中工作的人越多，这个组织就越难建立起顺畅的上行、下达和横向反馈通道。我们可能不认识组织中的其他工作人员；可能组织的官僚气息很浓，人们很难了解到其他人的工作状况。

保罗的第一份正规工作是在哈特福德一家保险公司的理赔部当职员。他一开始并不认识部门中有资历的人。他没犯过大错,但也没有做出太大的成绩。管理人员通常和其他职员混在一起,和保罗同时进入公司的人当中有一个人会检查他们的工作,修改他们的报告,告诉他们如何改进工作方法。由于没有人提到他的事情,保罗一直都以为他是大家的领导。因此,当保罗在一次裁员中听说这个人被解雇,感到非常吃惊。

在大型组织中工作的人经常抱怨他们的工作无人理解,无人赏识。

年轻人希望获得上司的更多注意。刚入行的投资分析师、律师事务所的合伙人、年轻的木匠都在抱怨他们的工作无人关心,无人指导。

在同一个组织中,高层领导也面临着同样的问题。下层员工不愿意给他们提意见,尤其是不敢指出他们的错误。领导和普通员工之间的距离导致领导们无法收到他们所需要的反馈。他们常常感觉自己多年的努力和工作经验无人理解。没有人会拍着他们的肩膀夸奖他们。他们可以鼓励他们的下属,但是谁来鼓励他们呢?

这是一个很严重的问题。假如普通工人和专业人士的劳动得不到人们的重视,他们就不会获得满足感。他们可能会在工作中偷懒。既然没人知道你是否努力工作，为什么要白费力气呢？即使松懈下来，也不会有人注意到你。此外，这种状态还会影响人们工作水平的提高。一家工厂可以通过投资厂房和设备来提高生产效率。其实，只需要花一点心思，它也能让员工的生产效率得到提高。

为什么在大型组织中工作的人常常看起来碌碌无为？为什么有的人应聘时表现出很大的潜力，但进了公司以后潜力迟迟得不到发挥，最后只能一走了之？

肇因：一些毫无根据的假设让我们不愿意互相帮助

你在提供和寻求反馈时遇到的问题也适用于其他人。他们既不知道如何区分不同的反馈，也不知道如何提供不同的反馈。由于大家普遍缺乏反馈技能，因此团队中会出现一些不成文的假设，以证明团队缺乏相互支持和相互指导的合理性。许多假设都会导致我们看到问题时不愿意向同伴伸出援手。下面是一些常见的假设。

"我们来这儿不是为了相互奉承"

1949年，年轻的威廉在"马歇尔计划"位于巴黎的总部担任财务主管。他一直在努力工作，以应对即将在奥地利发生的货币危机。危机发生时，埃夫里尔·哈里曼大使飞到了维也纳，把威廉留在了巴黎。当时奥地利所有的银行都关闭了。结果，哈里曼在奥地利做了一个星期的协调工作，出色地解决了这场危机。

威廉对他的同事罗杰说，他想辞职。"我在这里有什么意义呢？哈里曼根本不需要我。我花了六个月的时间才研究明白的问题，他一下子就解决了。他甚至没有跟我谈及此事。"不久以后，哈里曼也向罗杰提到了这件事，哈里曼的说法让罗杰非常吃惊："我们年轻的财务主管是个天才。在危机刚刚发生的那个星期六晚上，我们到处都找不到他。我让保安打开了他的保险箱，发现威廉已经预见到了这场危机，他在保险箱中写了一份内容很长的文件。我们复印了他的手稿。在接下来的一个星期里，这份文件成了我的工作指南。我遵照威廉的建议行事，竟然把危机解决了。"罗杰建议哈里曼把财务主管的功劳亲口告诉他，这位大使却说："我们千里迢迢来到欧洲，并不是为了坐下来相互奉承。威廉只是在做他的本职工作而已。"罗杰费了九牛二虎之力，才说服哈里曼和财务主管见了面，对他所做的工作表示了感谢。

我们之所以没有向人们表示感谢，是因为我们没有意识到安慰和鼓励对大多数人来说具有多么重要的意义。除此之外，还有一些假设认为，并不是所有的人都应当接受别人的感谢，这种假设的危害更大。

"只有弱者才需要表扬"

有能力的专业人士通过杰出的工作来获得满足感，真正的专业人士并不在意别人怎么想。至少，大家都是这么认为的。当人们在工作中受到表扬，许多人都会感到难为情，因为在他们心目中，真正强大的人是不需要表扬的。只有年轻人或者表现不好的人才需要别人来"关照"或"手把手辅导"。

遗憾的是，这些观点忽视了一个事实，那就是：再有能力的专家也是人，也有情感上的需要，也会产生危机感。

"有能力的人不需要别人来告诉他如何工作"

我们都希望在别人面前表现出自己强大的一面。遗憾的是，我们可能不得不为此而努力维持自己完美的假象。我们认为聪明能干的专业人士不应该犯错误。犯错误时，你希望把错误隐藏起来，不让别人看到。同样的道理，当别人向你提出建议，你往往会采取回避态度，以免人们认为你是需要帮助的人。我们都见过有人用"不用你说我也知道"这句话回应好心提出建议的同事，生怕别人瞧不起自己。

此外，我们还要努力掩盖我们回避建议这个事实。我们不能说："谢谢你，不过我不能接受你的建议。对我来说，保持完美的形象比改正错误更加重要。"因此，我们会采用间接的策略打消同事向我们提建议的热情。我们可能会否认自己的错误。我们可能会粗暴对待想要帮助我们的人，斥责他们自以为是。为了维持完美无缺的形象，我们放弃了改正错误、提升自我的机会。到最后，为了证明自己能力很强，我们在很多方面依然没有长进，尤其是在学习方面。

"指导是上级向下属做的事情"

即使你承认自己在工作上需要向别人学习，你也不一定愿意接受所有人的建议。我们认为我们之所以接受别人的建议，是因为对方比我们更聪明，或者比我们更有经验。因此，你愿意接受来自老板的建议，但向你提出建议的下属则会遇到麻烦。我们很少想过，帮助一个人升职的技能与一个人对下属在每一个任务上进行指导时传授的技能可能是不同的。我们失去了从后辈同事身上获得帮助的机会，他们刚刚克服的困难此刻可能正在困扰我们。

"仅仅接受来自上级的建议"通常与另一个成见联系在一起："建议或指导等同于命令。"如果一个人不管是否同意别人提出的建议，都只能按照他的建议去做，那么这种建议也只能由上级向下属提出。

解决方案：每个组织都应该接受一组更好的假设

你应该实现这样的目标：整个团队在一组更好的假设下共

同工作。

"感谢会让每个人拥有更好的表现"

坎布里奇市的一位出版商最近越来越消沉。他情绪低落，投入工作中的热情也越来越少。他所阅读的每封信件都在投诉他们的问题。最后，他向助理抱怨说，他觉得没有人理解他所做的任何事情。助理回答道："哦，不是这样的。大部分寄给你的信件都在夸奖你。人们总是写信对你所做的事情表示感谢或祝贺。我知道你很忙，所以替你回复了这些信件，然后就把它们收起来了。我只是把包含负面信息的信件交给你，因为你需要了解这些信息。"很快，这种信件筛选模式就得到了改变。当表达感激的信件提交到出版商的手中，这位出版商又恢复了以前充满干劲的工作状态。

人们常常没有意识到对他人的工作表达感激所产生的巨大影响，尤其是下属对上级的影响。事实上，越是强烈需要得到他人感激的人，越有可能努力工作，跻身领导行列。和其他人相比，这些人更需要别人来告诉他们，自己的工作是有价值的。

"寻求指导是有能力的象征"

一个人的能力越强，就越能从指导中受益。职业网球运动员拥有全职教练，仅仅在周末打网球的业余爱好者则没有。争夺世界冠军的国际象棋选手参加锦标赛时要带上许多教练和助理。到了晚间休赛时，选手会和教练、助理聚在一起，对他的比赛进行分析，并为第二天的比赛出谋划策。这些选手可以轻松击败他们的助理，但这并不妨碍他们仔细听取助理的建议。这些选手知道，虽然他们实力很强，但他们的教练和助理可能会注意到他们忽视的一些问题，或者产生一些独特的灵感。商业领域也是如此。寻求建议并不是软弱的标志，它说明人们拥有接触新思想的观念和提升自我的意愿。

"谁都可以指导别人，谁都可以接受别人的指导"

我们认为指导应该是自上而下的，由上级指导下级。这种观点是错误的。有些事情下属知道得更多，观察角度更好。你的同事肯定在某些方面知道的比你多。你需要想象你在别人眼中的形象，他们则不需要想象，因为他们可以直接看到。棒球击球手看不到自己的侧翼，看台上的球迷却能看到。同样的道理，与客户打电话时，你的秘书比你更清楚你的说话语气。

你的上级，你的下属，与你平级的同事，他们都有可能对你提出宝贵的建议。你要明白能力平平的人也有可能对你提出有用的建议。你应该倾听所有人的声音，然后认真考虑他们提出的建议。你对他们的个人意见不应该影响到你对这些建议的评价。你的行为需要由你自己来改变，所以你应该自己决定是否接受别人的建议，以及如何接受他们的建议。不过，提供观点和建议的人能力越强，他的建议就越有可能给你带来改变，不管这个人是你的下属、同事还是上司。

如何带人：
鼓励人们提供更好的反馈

当你不是团队领导时，你如何鼓励团队获得更好的反馈技能以及有关反馈的假设呢？这个问题的答案相对来说比较简单。首先，你可以向你的下属、同事、上司表示感谢。他们可能会理解你的意图，并效仿你的做法。不过，主动指导你的上司是有风险的，尤其是这一做法在你的团队中并不常见时。在这一点上，你需要非常谨慎。

执行：请求别人指导你

要想营造相互指导的氛围，最好的办法不是把烫手的山芋丢给别人，而是亲自做出表率。你可以询问老板、同事或下属对你的表现有什么看法。其中，请求你的同级或下属指导你的做法会对团队产生更大的影响。如果你想让你的下属向他们的下属寻求反馈意见，最好的办法就是让他们知道你也愿意向自己的下属寻求反馈意见。

你应该向他们提出一个具体的话题，这样他们更容易表达自己的意见。"我的表现怎么样？"是一个很难回答的问题。"关于我跟客户的那次会谈，你作为旁观者，对我有什么建议吗？"或者"你知道我如何才能更有效地处理定价问题吗？"这样的问题回答起来要容易得多。

请求他人向你提供建议仅仅是一个开始。你应该仔细倾听别人的建议，看一看哪些方法能够为你所用。当你学到新的方法，应该让他们知道这件事。对于向你提出建议的人来说，你所能提供的最好的回报就是把其中的一些建议付诸实践。

提供方向：告诉他们哪种反馈能够帮助你

要想让同事指导别人的技能得到提高，一个简单的方法就是告诉同事哪种建议能够对你起到帮助作用。如果你说"你一定要根据下面的原则提供反馈"，那么他们很可能会认为你在批评他们之前没有按照这些原则提供反馈。如果你强调自己需要得到更好的帮助，那么他们只会注意到你的不利处境，不会觉得自己受到了批评。"虽然你把你对我的总体评价告诉了我，可是我还是不知道如何改善自己的表现。你能向我提供一些具体建议吗？"

一旦他们开始使用上面介绍的方法，他们就会发现这些方法非常有用。当他们向另外一位同事提出建议时，他们就会想起你的话。如果他们没有其他可供选择的方案，他们可能就会自然而然地采纳你的建议。

提出分析：人们往往会效仿上级领导的做法

如果你向别人请求指导，你就会起到一定的榜样作用。如果你的老板也向别人请求指导，那么他会起到更强的带头作用，因为他的影响力更大。

你的老板很可能希望他的下属之间相互多学习、多交流。你可以告诉他为什么他的理想与现实存在差距："这里的人不管做什么事情都喜欢盯着你。如果他们没见过你请教别人的样子，他们可能觉得他们也不应该去请教别人。"假如领导同意你的观点，他就会公开向大家寻求指导意见。当然，大家向他提出的建议可能也会改变他的工作方法。同直接指出领导的错误相比，说服领导向其他人寻求建议的做法很可能要安全得多。

Getting It Done

第三部分
做更好的领导者

Purpose

Thinking

Learning

Engagement

Feedback

8　五项技能的综合运用

我们在前面五章里介绍了一些基本的工作技能，以帮助你提高独自工作或与他人共同工作的能力。我们还提出了一些简单的策略，包括提出问题、提供想法、做出表率。这些策略可以用于鼓励大家共同使用上述工作技能。当你面对毫无结果的会议或者其他困难局面，需要说点什么或做点什么时，这些策略就可以派上用场。不过，这些策略还算不上是战略。真正具有战略高度的是前面介绍的五种基本技能。你可以使用这五种技能，让你和同事完成更难的事。

→ 根据你想要实现的结果制订目标。

→ 有条理地思考，从数据，到分析，到方向，再到具体行动。

→ 在经验中学习，随时学习，随时总结。

→ 通过接受具有挑战性的任务，充分投入工作中。

→ 对于应该坚持的工作方法和需要改进的工作方法提供和寻求反馈。

到目前为止，我们一直没有将"提问、作答、行动"这三个策略同"目标、系统性思考、学习等"五种能力结合起来，因为我们担心这样做会增加读者的理解难度。一旦你掌握了这五种能力，就可以通过各种形式把它们运用到各种任务中。不过，当你还在学习使用这些技能，如果它们出现在本书的不同语境中，你可能不太容易理解。想让人们采纳与这五种技能有关的建议，最好的方法也许就是让人们在采纳这些建议的过程中使用这些技能。

下面简单介绍如何凭借一个人的力量通过上述工作技能实现让别人使用这些技能的目的。

目　标

你应该在不同的时间节点根据你想获得的结果制订目标。不管你所在的团队或组织规模有多大，你都应该为自己制订目标。你应该在不同的时间段制订实实在在的目标，小到易于实现的短期目标，大到改变整个组织的宏伟蓝图。

请考虑下面的例子。

五年之内，公司将具备如下情形：

→ 按照"准备—行动—总结"的流程工作。

→ 让每个人参与到目标的制订中。

→ 每个人都能定期获得同事的反馈（如每周一次）。

两年之内，我所在的部门将实现上述目标。

三个月内，我和我的搭档将采纳上述做法。

你还可以对其中最小的目标做进一步的分解：

三个月内，我的搭档将采纳许多新的做法。

一个月内，我们将一致同意在每个星期五吃午饭时抽出15分钟的时间向对方提供反馈。在这段时间里，我们不必顾忌对方的自我感受，只需要对应该坚持的地方和需要改进的地方提出建议。

今天，我的搭档将会向我提出一些建议，指出他认为我应该改进的地方，我会鼓励他下次继续向我提出这样的建议。

上面提出了一个具体的例子，供大家参考。你自己的目标可能和上述目标存在很大的差异。寻找一个鼓舞人心的远期目标不会很难。让自己获得改变大家合作方式的能力，本身就是一个令人振奋的目标。当你获得成功,你会发现自己处在一个更加奋发向上的工作氛围中。

你应该努力让自己的中期目标具有独立的价值。(让办公室里的每个人阅读本书可能是有用的,但这很可能不是一个良好的中期目标——对于许多人来说,读书不会对他们的行为产生任何影响。)你的目标应该关注实实在在的结果,如工作方式的改变。最后,你的短期目标应该具有可行性,应该和你今天下午或明天上午的工作或者你所参加的下次会议有关。

思 考

没有一种策略适合所有局面,正如没有一种药物适合所有疾病。在你领导其他人采用更好的方法共同制订目标或共同思考之前,你自己应该先进行系统性思考,想一想目前的局面、出现问题的原因、解决这些问题的总体策略以及下一步应该采取的横向领导方法。

你应该有条理地思考,从数据,到分析,到方向,再到下一步行动。你应该从饼图下方的第一象限开始,仔细观察你和同事在工作上的表现,看一看你们在哪些方面做得不错,思考一下其中的原因,看一看你们存在哪些问题,研究一下产生问题的原因,想一想为了解决这些问题,向着你的目标迈进,你需要选择什么方向。接着，你需要确定为了实现眼前的目标，下一步应该采取哪些行动。

你可能会遇到这样的困难：你的同事对于当前的问题有着不同的理解。有的人甚至会将你看成一个需要解决的问题。想真正学会"思考"，你就要养成习惯，随时回到原点，重新对你所面对的问题进行系统性思考，而不是毫无计划地去应对失控的局面。

学 习

你应该学会随时总结经验。当你试图进行横向领导时，你可能会发现这种领导方式并不像你想象的那样有效。在彻底放弃之前，你应该再试试其他方法。

也许本书介绍的思想并不像我们想象的那么好。不过，你不能仅仅因为一次失败的经历就轻言放弃，因为你显然还没有熟练掌握这些方法。如果我们在这里介绍的方法与你平时的做法区别很大，那么你很难一下子对这些方法运用自如。你要有耐心。你应该先把这些方法运用熟练，然后再来判断这些方法是否管用。

比如，你希望你的老板改变当前的做法，为了让他重新审视自己的工作方法，你决定采用提问的策略："你觉得我们是否可以每天总结电话销售的结果？目前我们的做法是每隔几个月总结一次，所以到了总结的时候，我们早已忘记我们当初在电话里是怎么说的了。"听了你的话，你的老板面带怒意，皱了皱眉，命令你回到座位上继续工作。

在你决定放弃进行横向领导之前，你应该考虑一些可能的失败原因：

→ 想让老板做出改变是一件愚蠢的事。
→ 其他方法也许可以让人们做出改变，但是这本书没有介绍。
→ 你所面对的这位同事从不接受别人的建议。

此外，还有可能存在其他原因：

→ 在这种情况下，用这种方式提出这个问题不是最好的做法。
→ 我的提问能力可能有待提高。
→ 其他横向领导方法可能更有效。

如果你在尝试使用某种方法时发现它不管用，你应该对实际情况进行仔细地观察，然后思考："为什么会这样？可能存在哪些原因？"在确认局面不可收拾并彻底放弃之前，一定要先看一看你还能采取哪些行动。有时（在解释并获得对方许可的条件下）你可以将自己使用横向领导方法与别人交流时的谈话内容录下来，或者事后将你所能回想起来的谈话内容全部写下来。将谈话内容转化成书面记录不是一件容易的事，不过凡事熟能生巧。如果你能做到这一点，你会获得很大的收获。即使是一份粗略的谈话记录，也能让你把注意力从责怪别人转移到如何调整自己的语言上来。国际象棋选手都知道，要想提高自身水平，最便捷的方法就是将比赛过程记录下来并仔细研究，寻找更好的下法。同样的做法也可以让你受益。

如果你能做到认真实践和定期总结，那么一年以后，你的横向领导能力基本上会得到很大的提高。（到那时你很可能会学到比本书所提建议更好的方法。）

专 注

你应该不断修改自己所扮演的角色，直到这个角色让你充分投入工作中。在本书中，我们为你提供了一个角色。我们描述了这个角色在办公室、工厂或其他组织中的工作内容和地位。我们认为这个角色很有吸引力。也许这个角色仅仅反映了我们自己的喜好。我们一生都在为自己和他人创造新的思想并完善这些思想，教导他人如何更加有效地工作。在这方面，我们做得很成功。我们希望将我们的想法传授给你,这样你就可以体会到这份工作带来的满足感,并且沿着我们开辟的道路继续前进。也许你并不喜欢扮演这个角色。此时,你可以分析一下其中的原因。

你为什么不喜欢这个角色呢?这个角色无法满足你的哪些诉求呢?你觉得横向领导者的角色太孤单了吗?独自承担起改变团队行为的任务让你感到害怕吗?如果我们创造的这个角色无法吸引你,你可以考虑按照你的意愿改变这个角色。也许你可以找一个同事,和他共同完成这项任务,使之变成一种集体行为,这样你可能会更有干劲。或者,你可以想一想,当你每天早晨醒来,什么样的工作能让你满怀期待?

此外,如果你发现了自己对于工作的要求,你就可以更好地满足别人对于工作的要求。如果你发现除了本书介绍的之外,人们对于工作还有其他要求(这里指的是情感上的回报,而不是物质上的回报),那么当你想让人们更好地合作时,你就拥有了更多筹码。

反 馈

你应该定期向别人表达感激、寻求建议、提供指导。当你想要帮助大家更好地在一起工作时，你可能会遇到许许多多的困难。即使你表现得非常完美，最后也不一定能取得成功。

当你审视自己的表现，不要仅仅依靠你一个人的力量。在你改变团队合作方式的过程中，你随时可以向他人学习。你可以问问他们，你为团队所做的事情对他们有什么影响（包括你制订目标的方式、提供反馈的方式等），为什么会有这种影响。你可以问问他们，你是否做过冒犯他们的事情。向人们寻求反馈意见时，你既能为他们做出表率，又能获得关于如何提高横向领导能力的建议。

9 假如你是领导者，你还能做什么

本书主要探讨了当你不是领导时如何工作的问题，介绍了没有领导权力的人如何改善人们共同工作的方式，以获得理想的结果。不过，如果你是领导，又当如何呢？此时，这本书还能派上用场吗？

对于这个问题，笔者的回答是肯定的。我们希望任何层级的领导者读了本书介绍的有关个人技能的建议后，都能提高自己的工作效率。我们希望这本书能让他们了解一个团队中所有成员齐心协力、共同工作的理想状态。我们希望这本书能帮助处于领导者地位的人带领整个团队实现这种理想状态。

简而言之，不管一个人是否拥有领导权，他都可以采纳本书提出的建议。此外，一个人所拥有的权力和地位还可以帮助他更方便、更有效地将这些建议付诸实践。

问 题

不管你的事业多么成功，身为领导者，你都会面对这样的问题："我们能否做得更好？如何才能做得更好？"你的下属之所以没有把工作做到位，部分原因在于他们相互协调的能力并不像你想象的那么好。你需要花费自己宝贵的时间解决他们与同事之间的矛盾。你需要对他们进行管理，因为你不相信他们能把自己管理好。你似乎无法改变他们这种工作状态。你可以通过投资建设更好的厂房和设备来提高产量，但是你很难让人们提高工作效率。也许你做得还不够好。这到底是怎么回事呢？

可能的原因

有三个因素可以用来解释你无法帮助团队改善合作效果：

→ 你的主要目标是把工作做好，所以你的注意力集中在具体的工作上。

→ 在决策的制订上，你的权力比别人大，所以你的注意力集中在需要制订的决策上。

→ 你拥有向别人发出命令的权力，所以你常常向别人发出命令。

这三个因素表明，你应该关注你和他人共同工作的方式，你制订决策的方式，以及你让别人做事的方式。

建议：对人们的合作方式给予更多的关注

为了获得更好的结果，你应该对大家的工作方式给予更多关注

你应该用更多的时间观察大家对本书第 3 章到第 7 章讨论的各个工作元素的处理方式，而不是仅仅观察工作结果的数量和质量。大家是否对他们的工作目标——即在不同时间段应取得的结果——拥有清晰的认识？他们是否参与了这些目标（尤其是他们目前正在努力实现的短期目标）的制订？

大家的思考是否有条理？是不是先关注事实，再分析成功或失败的原因，进而研究前进的策略，最后落实到明天将要采取的具体行动上？大家是否共同思考，并且分享思考结果？

你和你的同事是否将计划与行动结合起来，在实践中实习？你们投入行动的速度是否足够快？你们是否经常停下来对工作进行总结？你们在总结时是不是既考虑到了现在，又考虑到了未来？

你的同事目前的工作是否具有足够的挑战性，足以让他们完全投入工作中？他们是否知道他们的一部分工作是思考如何改善你们共同工作的内容和方式？

总体上看，你的同事是否理解人们对来自上级、下级、同级的感谢、指导和建议的渴求，以及用这些反馈相互支持所带来的满足感？你的团队是否拥有随时寻求和提供反馈的良好氛围？

上面这种对于工作环境的分析可以帮助领导者对目前的状况进行评估，找出他最需要关注的领域。

为了制订出更好的决策，你应该让大家参与决策的制订过程

拥有权力的人无疑也在承担责任。你需要制订许多决策，在互相冲突的不同需求之间分配资源。在实际工作中，这项工作常常会落到你的头上。你既不能把这种决定授权给下属去做，也不能推给上级（如董事会）。

不过，你常常可以邀请与这些决策有关联的人参与决策的制订过程，以提高决策的质量和认可度，这样你既不用把它授权给下属，也不需要回避责任。

简单来说，你应该"先询问后决定"——做决定之前先问问别人的意见。不管你的决策的质量是否会提升，至少你的决策更容易得到执行，因为人们知道你直接或间接地考虑到了他们的意见。当然，你不可能在制订每一项决策时征求所有人的意见。不过，对于许多决策来说，如果时间允许而且保密性不受影响，你可以提前向许多人提问，征集大家的意见，并且让大家传阅手稿，进行讨论和点评。身为领导者，你可以事先说明，你既不是在向下属授权，也不是在举行投票表决，你只是在向大家征集信

息、观点和建议。

你可以采用提问、作答、行动的领导方式改善大家的合作

你常常可以通过以身作则而非命令的形式更有效地影响你的下属。这么做并不会降低你的领导权威。你应该按照自己心目中的理想做出表率。此时，你的权威一定会发挥作用。你对下属下达命令时产生的影响远远胜过同级之间下达命令时产生的影响。由于你的地位比别人高，因此对你来说，下达命令是一种非常有效的做法。这样一来，你很可能会对这种做法产生依赖，不再考虑其他可能的做法。你很容易忽略一个事实，那就是其他方法对你来说可能更加有效。

例如，你可以提出问题、观点和建议，供别人思考，或者通过行动为别人做出表率。此时，你的领导者地位会让你的行为产生很大的影响力。同下达命令相比，这些横向领导方法通常会让你取得更好的结果。

对于团队中的普通成员来说，本书提供了许多具有建设性的建议。下面列举了两份清单。第一份清单是没有权威的横向领导者可以做的事情，第二份清单是拥有最高领导权的首席执行官可以做的事情。这两份清单可以说明为什么笔者认为本书同样适用于领导者。事实上，同普通员工相比，本书可能更加适用于领导者。

为了改善你与同事共同工作的方式，你可以采取的一些做法

当你不是领导者时，你可以：

提高个人工作技能：

→ 根据结果制订目标。

→ 按照"问题—分析—战略—策略"的顺序有条理地思考。

→ 尽快投入行动，定期总结，以便更快地从经验中学习。

→ 充分投入有挑战性的任务中。

→ 协助团队营造一个上下级和同事之间相互支持、相互反馈的氛围。

促使大家共同使用这些技能。为此，你可以：

→ 提出具有启发性的问题。

→ 提供数据、想法和建议。

→ 按照你的理想做出表率。

你的同事可能掌握更多的信息，拥有更好的想法。
你要虚心接受不同的意见。

当你是首席执行官时，你可以：

提高个人工作技能：
→ 根据结果制订目标。
→ 按照"问题—分析—战略—策略"的顺序有条理地思考。
→ 尽快投入行动，定期总结，以便更快地从经验中学习。
→ 充分投入到有挑战性的任务中。
→ 协助团队营造一个上下级和同事之间相互支持、相互反馈的氛围。

促使大家共同使用这些技能。为此，你可以：
→ 提出具有启发性的问题。
→ 提供数据、想法和建议。
→ 按照你的理想做出表率。

你的同事可能掌握更多的信息，拥有更好的想法。
你要虚心接受不同的意见。
此外：你可以制订别人无法制订的决策。你可以对别人下达命令。

10　敢于站出来的人就是领导者

先讲一个故事。一个无神论者对著名的拉比希勒尔说:"请你保持单脚站立的姿势,将《摩西五经》背诵下来。如果你能做到这一点,我就承认你所信仰的上帝。"拉比回答道:"《摩西五经》上说,'如果你不想让别人对你做某件事情,那么你也不要对别人做这件事情'。其他内容都只是对这句话的注解而已。"

本书提出的建议当然无法与圣人的智慧相比。我们之所以要讲这个故事,是因为这个无神论者的问题提得很好,它让拉比把教义浓缩成了一句格言,这句格言具有以下特点:

→ 简单易记。
→ 可以用于解释其他更加复杂的思想。

我们在本书中提出的建议远远没有拉比的教导那样深刻,不过我们还是要将其提炼成一句格言,奉献给读者。这句格言在"单脚站立"的时间里就能说完,那就是:

提供帮助。

即使你记不住前面提到的具体建议和详细分析，你至少也应该记住这句话。如果你把"提供帮助"当成你的座右铭，那么你永远也不会错得太离谱。

提供帮助

当所有人都袖手旁观、工作没有任何进展时，当愚蠢的计划无人质疑时，你可以勇敢地站出来。1966年，一个名叫姬蒂·吉诺维斯的女人在纽约一幢公寓的院子里遭到攻击，发出了一阵尖叫。许多人被吵醒，他们打开灯，从窗户朝外张望。每个人都觉得会有人去叫警察，但没有一个人报警。不久之后，凶手回到这里，发现她还在，于是将其杀害。

我们很容易采取袖手旁观的态度，这是很自然的。这样做的后果很少会像上面的例子那样可怕，但类似的局面每天都会在很多组织中出现。我们参加的会议常常无法取得任何进展。当我们发现某项工作没有人去做时，我们可能会假装没有看见，继续去做领导交待给我们的任务。我们认为别人会有所行动，他们认为我们会有所行动，结果谁都没有行动。遇到这种情况时，你可以主动站出来提供帮助。当你看到某件事情需要有人去做，你可以主动帮忙，而不是等待其他人的行动。如果你主动采取行动，你就有可能挽救一次会议，挽救你的部门，甚至挽救你的公司。

想做出改变并不意味着你要负起领导的责任。当你不想袖手旁观时，除了主持工作、发号施令，你还有其他选择。你应该邀请别人和你共同采取行动。你不仅要培养和使用自己的能力，还要帮助人们培养和使用他们的能力。为此，你不需要发出命令，只需要提出优秀的问题，提供一些想法，并且做一些需要有人去做的事情。

我为什么要做这件事？

你可能已经注意到，作者一直在使用劝告的口吻，讨论我们对你的期望。你可能会问："这件事跟我有什么关系呢？"

本书认为，几乎所有人都想获得一份具有挑战性的工作，一份值得自己和别人尊重的工作。作者相信，改善团队的合作方式正是这样的工作。

如果你厌倦了目前的工作，你会发现向别人提供帮助这项任务既新鲜又具有挑战性。假如你现在是经纪人、工程师、护士、经理或者助理，那么努力改善人们共同工作的方式很可能与你每天所做的事情完全不同。不过，你可能已经积累了足够多的人际关系，足以应对你的新任务。此外，你的老板并没有阻止你这么做。

你是否担心自己所做的事情毫无价值可言？如果你能让团队在相互交流方面养成更好的习惯，那么你可能会成为团队中最重要的人。

你不需要担心。如果你接受了这个任务，那么你永远也不用为缺乏具有挑战性的工作而发愁。

我们在生活中需要用到一些基本的假设。这些假设包括我们是谁、每个人是做什么的、什么是合适的、什么是不合适的、什么是良好的生活方式等。在工作中，你也需要用到一些假设。如果没有这些假设，你无法有效工作。不过，你可以在不同的假设中做出选择。下面列举了两组不同的假设，你可以考虑一下你想要什么样的假设。

在工作中可以选择的假设

你应该选择哪一组假设呢？

一些广为使用的假设：

目前出现的问题是别人的过错。

我无法在很大程度上改变别人的行为。

我所进行的尝试很可能不会有结果。

如果某种方法之前不管用，那么我们就不需要再次使用这种方法了。

尝试我不擅长的事情可能会很尴尬。

这些想法中有一些是没有用的。

有些事已经糟糕得无以复加。

从总体上看，世界是一个可怕的地方。

我们所有人到最后都得死。

我不需要牵扯到这件事中。

遇到问题时，我可以选择视而不见。

另一些你可以选择的假设：

也许我可以改变目前的局面。

想改变别人的行为，最简单的做法就是改变自己的行为。

只有亲自尝试过，才能知道哪些方法有效。

在正确的方向上，坚持不懈的努力往往会获得回报。

每个人学习新技能时都要尝试他不擅长的事情。

我可以对其中的一些想法进行修改，使之成为有用的想法。

目前的改进空间是最大的。

做一名乐观主义者更加有趣。

我参与的事情越多，我的生活就越充实。

我可以选择提供帮助。

这就是我们最后想说的主题。请对比这两组假设。哪一组假设看起来更有趣？哪一组假设能让你获得更有意义、更有成就感的人生？你觉得哪一组假设更好？作者建议你逐行对比这两组假设，将你所赞同的假设选出来。最后，你会得到一组理想的假设。

然后，将这组假设运用到工作中——直到你找到一组更好的假设为止。

致　谢

本书的问世花了七年时间。几十年来，我们一直在使用书中的理念。在此期间，我们吸收了许多人的意见。我们之所以没有使用大量脚注，不是想把这些想法据为己有，而是因为我们采纳了别人的许多想法，这些想法又来自许多不同的人，我们现在根本无法弄清每个想法最初是谁提出来的。因此，我们在这里向所有人表示感谢。此外，有一些人我们要特别提出感谢。

我们初次相遇是在《谈判力》出版时。介绍我们认识的是联合国开发计划署的赫布·贝尔斯托克，他对我们的工作有一定的了解，认为把我们两个人撮合起来也许可以取得一定的成果。我们首先要感谢的人就是赫布。没有他，我们就不会见面，这本书也永远不可能出现在你面前。

罗杰的工作重点是研究"解决人们之间分歧的最佳途径"，尤其是"我们向其中一方提供什么建议，能帮助他们更有效地解决双方的争执？"答案是"有原则的谈判"，一种在不妥协的情况下达成一致的实用方法。

艾伦的工作重点是研究"对于已经达成一致、想要改进共同工作方式的一群人来说，我们向他们提供什么样的建议，能让他们获得理想的结果，而且感觉到自己的能力得到了充分发挥？"

当我们走到一起，我们开始研究一个与此相关的问题："对于一个想让团队高效工作的人来说，不管这个人所处的位置如何，我们应该向他提出什么样的建议？"每天都有无数员工、老板、同事、家庭、企业、国家面对这个问题。为了回答这个问题，我们把各自的经验结合在一起，提出了"横向领导"方法——任何人都可以使用这种方法从"侧面"领导团队做出更好的表现。在我们写这本书的前后，我们在许多人身上试验了这些理念，在此对他们的意见和建议表示感谢。

艾伦希望特别感谢已故的拉尔夫·科弗代尔，是他最初给了艾伦在这个领域工作的机会。已故的伯纳德·巴宾顿·史密斯曾做过艾伦多年的导师。他们俩是科弗代尔培训项目的创立者，本书有许多非常重要的观点最初都是这个项目提出来的。我们还要向艾伦的丹麦籍同事弗莱明·马德森表示感谢，他与艾伦共事多年，对其中的一些思想做出了很大贡献。

克里斯·索恩花了超过一个夏天的时间对我们最初的思想进行梳理，为本书撰写了初稿。尽管经过多年的修改，其中大部分内容已经发生了改变，不过克里斯的影响仍然贯穿全书。

致　谢

我们的儿子凯文·夏普、尼尔·夏普、彼得·费希尔、埃利奥特·费希尔帮助我们对其中的许多思想进行了研究。时至今日，我们仍然在和他们交换意见。在此也向他们表示感谢。

我们还要感谢哈佛大学肯尼迪政府学院领导力教育项目主任罗纳德·海菲兹所做的工作，他作为心理学家和研究领导学的权威，帮助我们开拓了许多新的领域。海菲兹此前的作品《没有明显答案的领导力》明确指出了权威与领导力的区别，在此我们向他表示感谢。

道格·斯通与我们共事多年。这个项目刚开始时，他和我们花了大量时间通过头脑风暴拓展思路。最后，他又在这本书付梓之前帮我们审读了终稿。从始至终，他一直在鼓励我们。

康夫里克特管理有限公司的杰夫·韦斯阅读了许多版手稿，向我们提出了建议，我们从中受益良多。他将本书的思想运用到了哈佛法学院的一个夏季课程中。在他的帮助下，我们对本书的思想进行了修改，使之更容易被人接受。和韦斯共事是一件愉快的事情。

韦恩·戴维斯阅读了本书的一部分手稿，告诉我们哪些内容不应该删掉。他的建议提得很好。他的热情和鼓励对我们来说弥足珍贵。威廉·杰克逊在成为律师之前曾多年担任罗杰的全职助理，他在从事其他项目之余，也运用自己的精力、能力和洞察力为这个项目做了许多贡献。

希拉·赫恩为本书润色不少,让本书行文更为流畅,而且降低了本书的性别歧视倾向。她还帮助我们对一些过时的表达方式进行了修改。

哈佛谈判项目部行政助理洛丽·戈尔登塔尔花费了大量时间进行排版和文字处理工作。尤为难能可贵的是,洛丽本人提供了一个最佳例证,证明了没有领导权威的人也能就团队应如何工作向老板提出建议,并为此获得老板的激赏。洛丽现在已经离开了纽约,我们都很想念她。

我们的大部分工作都是在马萨葡萄园岛上完成的。在一个个漫长的夏季,招待我们的都是女主人卡罗琳·费希尔。多年来,她和玛丽·夏普一直忍受着她们的丈夫将思想记录成文字的行为。她们的支持非常重要,在此我们也向她们表示深深的感谢。

哈珀商业分部的柯尔斯滕·桑德伯格、戴夫·康蒂、珍妮特·德里都对本书的可读性提出了宝贵建议。如果本书的理念得到更多人的接受,这其中也有他们的功劳。

我们很难找到一个词语描述约翰·理查森为本书所做的工作。我们说这本书是与他合写的,这么说可能会让人们认为他是一个影子写手,这本书仅仅使用了我们的名字和理念而已。相比之下,用"编辑"来形容约翰更加恰当,因为他通过删减和修改,将我们的写作内容整合到了一起,约翰写就了某些章节的雏形,并对我们撰写的一些章节进行了修改,增加了一些故事和例子,构建了理论框架。"第二作者"也许是对他最恰当的描述。谢谢你，约翰。

罗杰

艾伦

出版后记

"团队效率低，业绩差，我又能怎么办呢？我又不是领导！"很多人背负沉重的打工者心态，如果上级管理不力，就只能随波逐流，任由职业生涯在充满负能量的状态下不断消耗，最后一事无成，也只会将自己的平庸归咎于管理者的无能，而不会从自己的身上找原因。

没有职权就无法领导，这是职场最大的误区。如何打破这一误区，使团队的每一位成员都能主动做出积极贡献，成了每一个公司、老板的心病。本书作者之一罗杰·费希尔为谈判、沟通领域的权威专家，为众多的政府部门、企业和个人提供谈判咨询服务，其所著的《谈判力》《沟通力》皆为该领域的经典著作，在国内出版后一时洛阳纸贵。受联合国开发计划署所托，罗杰·费希尔在哈佛大学谈判项目、哈佛大学肯尼迪政府学院的全力支持下开展针对性的研究，提出"横向领导"概念。每个人都是潜在的领导者，普通职员只需通过本书提供的几个方法就可以从"侧面"领导团队，完全可以使局面朝着更好的方向发展。

本书针对"横向领导"过程中有可能遇到的问题，从沟通、谈判以及心理等多个方面进行细致的分析，提出的很多真知灼见，足以让你茅塞顿开、恍然大悟。"横向领导"并不难，只需通过本书提供的三个步骤、五个策略即可轻松搞定。

本书也得到超级畅销书《影响力》作者罗伯特·西奥迪尼、《高效能人士的七个习惯》作者史蒂芬·柯维、股神巴菲特最为倚重的睿智合伙人查理·芒格、管理大师罗莎贝斯·莫斯·坎特的一致推荐。

须知真正的领导者并不需要授权，"带人"也不是只有领导者才能做的事。本书另辟蹊径，重点为没有职权的你提供"带人的技术"。有志于在职场打开一片天地的你，何妨从起步阶段就提升自己的格局呢？

图书在版编目（CIP）数据

横向领导力：人人都能复制的领导力 / (美) 罗杰·费希尔, (美) 艾伦·夏普著；刘清山译. -- 北京：北京联合出版公司, 2023.8
ISBN 978-7-5596-6741-0

Ⅰ.①横… Ⅱ.①罗… ②艾… ③刘… Ⅲ.①领导学 Ⅳ.①C933

中国国家版本馆CIP数据核字(2023)第122392号

GETTING IT DONE : How to Lead When You're Not in Charge.
Copyright © 1998 by Roger Fisher and Alan Sharp.All rights reserved.
Published by arrangement with HarperBusiness, an imprint of HarperCollins Publishers.
Simplified Chinese edition
Copyright © 2023 POST WAVE PUBLISHING CONSULTING (Beijing) Co., Ltd.

本书中文简体版权归属于后浪出版咨询（北京）有限责任公司
北京市版权局著作权合同登记号 图字：01-2023-4167

横向领导力

著　　者：［美］罗杰·费希尔　［美］艾伦·夏普
译　　者：刘清山
出 品 人：赵红仕
选题策划：后浪出版公司
出版统筹：吴兴元
责任编辑：李艳芬
特约编辑：蔡　丹　高龙柱
营销推广：ONEBOOK
装帧制造：墨白空间·黄　海

北京联合出版公司出版
（北京市西城区德外大街83号楼9层　100088）
后浪出版咨询（北京）有限责任公司发行
嘉业印刷（天津）有限公司　新华书店经销
字数153千字　889毫米×1194毫米　1/32　8.25印张
2023年8月第1版　2023年8月第1次印刷
ISBN 978-7-5596-6741-0
定价：55.00元

后浪出版咨询（北京）有限责任公司　版权所有，侵权必究
投诉信箱：editor@hinabook.com　fawu@hinabook.com
未经书面许可，不得以任何方式转载、复制、翻印本书部分或全部内容
本书若有印、装质量问题，请与本公司联系调换，电话010-64072833